ANGELICA YOGA
Introduction

Manuel pratique

Kaya
Christiane Muller

UCM

UCM
Centre d'Enseignement & de Recherche
Organisme sans but lucratif
36, rue Principale est, C.P. 161, BP Bureau-Chef
Sainte-Agathe-des-Monts, QC, J8C 3A3
Canada

Courriel : info@ucm.center
Site : www.ucm.center

UCMFR – Kaya (official) – Kaya & Christiane Muller (official)

Pour organiser une conférence ou un atelier, ainsi que pour des renseignements sur la
Formation IRSS sur l'Interprétation des rêves, signes et symboles : info@ucm.center

Structuration, aide à la rédaction et révision : Andrée Hamelin et Rita Haidu
Travail de soutien : Michel et Ginette Nadon, Jocelyne Renaud, Micheline Ross et Kasara
Page couverture et illustrations : Gabriell, artiste peintre
Graphisme : Butterfly Infoservices, Christophe Guilloteau

2e édition, revue et corrigée : 2e trimestre 2009
3e édition mise à jour : 1er trimestre 2021
Dépôt légal : 1er trimestre 2003
Bibliothèque nationale du Québec
Bibliothèque nationale du Canada

ISBN : 978-2-923097-01-5

PRÉFACE

ANGELICA YOGA...
UN MODE DE VIE, AU-DELÀ DES MOTS...

C'est lorsque nous étions étudiants que mon épouse et moi avons découvert l'Angelica Yoga. À cette époque, la rencontre de ce yoga basé sur la Connaissance du langage symbolique, des rêves et des symboles a activé profondément nos mémoires inconscientes, nous amenant à vivre des états d'âme intenses, parfois perturbants et bouleversants, car certaines résonances émergeaient et nous n'étions pas toujours en capacité de les comprendre et de les transformer au début de notre cheminement. Devenir spirituel n'est pas toujours aussi facile que l'on pense. Nous entrions dans ce que l'on peut appeler la machine à laver initiatique !

Nos concepts, notre façon de nous percevoir, de voir l'environnement changeaient complètement avec ces nouvelles connaissances spirituelles, tout en étant encore stimulés par les plaisirs et les sensations extérieures d'une conscience ordinaire. À travers ces décalages, nous commencions à percevoir nos distorsions, ainsi que les mémoires qui étaient à changer en nous.

J'étais en étude d'ostéopathie et mon épouse était en formation pour devenir infirmière, ainsi nous comprenions également quelle était la dimension plus profonde de nos métiers. Avant de guérir les autres, nous devions apprendre à nous guérir nous-mêmes en transformant tout d'abord nos propres mémoires. Wow ! Toute une compréhension ! Ce fut le tournant de notre vie. Cela a créé des bouleversements pendant un certain temps, mais nous comprenions également qu'il était nécessaire de passer par ces étapes afin de nous améliorer.

Nous pratiquions l'Angelica Yoga régulièrement, avec les mantras Angéliques, et cela fait toujours partie de notre vie aujourd'hui. Nous avions une grande intensité en nous, qui pouvait parfois être extrême, et grâce à la Connaissance de la Loi de la résonance, la pratique du yoga, des mantras, nous avons traversé nos initiations en apprenant à développer et à renouveler notre amour et notre sagesse, au fur et à mesure de nos transformations. Nous avons ainsi pu faire grandir en nous cette aspiration à matérialiser une spiritualité moderne et intelligente, connectant l'esprit et la matière.

Aujourd'hui nous ne vivons pas uniquement les enseignements de l'Angelica Yoga à travers les pages de ce livre, nous cherchons à les incarner dans notre quotidien, dans notre cœur, dans nos pensées, dans nos actions, pour que chaque moment, chaque mouvement ait un sens plus profond.

Si vous avez ce livre avec vous aujourd'hui, c'est que vous êtes prêts à découvrir le sens réel des pouvoirs spirituels et à comprendre que l'univers extérieur est le reflet de votre univers intérieur. Par la pratique de ce yoga et des mantras qui activent la dimension symbolique de la vie, nous vous souhaitons de découvrir ce que les sages yogis nous ont enseigné depuis la nuit des temps, c'est-à-dire la voie de l'Illumination, de l'Éveil.

T.F., osthéopathe
C.F., infirmière

INTRODUCTION

L'Angélica yoga apporte une nouvelle vision du yoga. Basée sur l'apprentissage de la réceptivité dans l'action, cette pratique facilite le travail avec l'Angéologie Traditionnelle au quotidien et en amplifie le dynamisme.

Le présent manuel examine le système énergétique de l'être humain mis en rapport avec les Séphiroth de l'Arbre de Vie et expose les 21 exercices de base de l'Angélica yoga. Il reprend aussi des éléments qui apparaissent dans Le Livre des Anges – des mêmes auteurs – tels que les Calendriers Angéliques pour les plans physique, émotionnel et intellectuel, la liste des Qualités des Anges avec, en contrepartie, les distorsions, et une description détaillée des Séphiroth.

Le 'Pense-Angélique' de la page suivante constitue un aide-mémoire qui nous rappelle les principales Lois Cosmiques nous permettant de construire la fondation de la ConscienceAngélique.

La liste de situations et problèmes courants et les Anges à invoquer, que vous trouverez à la fin de ce livre, constitue une aide complémentaire précieuse pour le choix de l'Ange.

À noter que ne sont pas abordés ici d'autres éléments essentiels au travail avec l'Angéologie Traditionnelle tels que l'application de la Loi de la résonance et du langage symbolique ainsi que l'interprétation des rêves et des signes au quotidien.

La personne engagée dans le travail avec l'Angéologie Traditionnelle trouvera dans ce manuel pratique les éléments qui lui permettront de structurer sa démarche au jour le jour et qui représentent des balises très utiles dans l'exploration de ce vaste monde qu'est l'inconscient.

PENSE-ANGÉLIQUE
LES PRINCIPALES LOIS DIVINES

⊙ Dieu est un Ordinateur Vivant

⊙ La Justice Divine est absolue

⊙ La Loi de la multidimensionnalité

⊙ La Loi de la réincarnation

⊙ La Loi de la synchronicité

⊙ La Loi de la résonance

⊙ La Loi du ka:rma

⊙ Le mal est éducationnel

⊙ Le mal n'est pas dramatique

⊙ La matière est temporelle
et éducationnelle

⊙ L'illusion est éducationnelle

⊙ Le rêve est une réalité

⊙ Tout est état de conscience

⊙ Tout est symbole

⊙ L'Esprit est éternel

⊙ La Loi de l'expérimentation

L'ARBRE DE VIE
OU ORDINATEUR COSMIQUE

L'Arbre de Vie est un schéma de la structure de l'Univers d'un point de vue macrocosmique et de l'être humain d'un point de vue microcosmique. En effet, Dieu, le Créateur, peut être considéré comme un immense Ordinateur Cosmique dans lequel nous vivons. Cet Ordinateur Cosmique Vivant détient l'Amour, la Sagesse Suprême, la Perfection et le Pouvoir absolu sur toute la Création et il nous est possible d'en connaître la structure et le fonctionnement. Figure centrale dans l'Enseignement de l'Angéologie Traditionnelle, l'Arbre de Vie illustre la configuration de la conscience universelle et humaine, et constitue donc une clé qui nous permet de déchiffrer les mystères de la Création. L'Arbre de Vie représente les sphères causales, et au fur et à mesure que l'on descend dans l'Arbre, les énergies se densifient de plus en plus pour donner lieu à la matérialisation.

Dans l'Angéologie Traditionnelle, l'Univers est représenté au moyen de dix régions distinctes et interreliées correspondant aux dix premiers nombres, à partir desquels toutes les combinaisons numériques sont possibles. Ces régions sont représentées dans l'Arbre de Vie par des cercles qu'on appelle *Séphira – Séphiroth* au pluriel. Le terme *Séphira* signifie numération. Il existe une onzième Séphira qui est cachée et qui se situe juste en-dessous de la Séphira Kéther, entre Binah et Hochmah ; elle se nomme Daath et représente la grande Bibliothèque Universelle dans laquelle toutes les informations de l'Univers sont cachées et enregistrées.

En Angéologie, chaque Séphira est identifiée par un Archange et par une correspondance planétaire. Les Séphiroth sont reliées entre elles par des voies de communication appelées *sentiers*, qui correspondent aux 22 lettres de l'alphabet hébreu.

Les Séphiroth peuvent aussi être considérées comme des Mémoires Cosmiques régies par le Créateur et au moyen desquelles Il communique avec nous.

Les Anciens utilisaient l'image de l'arbre pour exprimer le lien, voire l'unité, entre le Ciel et la Terre : les racines enfouies dans le

AIN SOPH AOUR

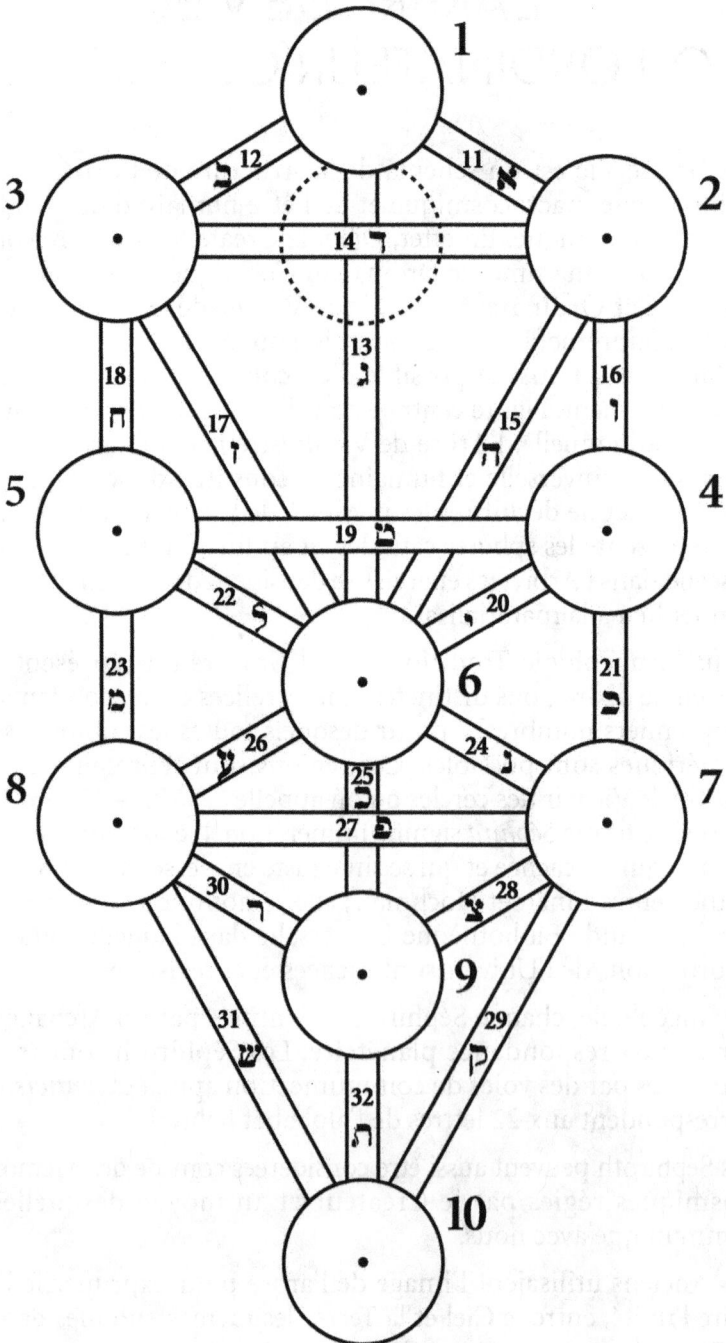

sol, le tronc, les branches, les feuilles et les fruits sont tous solidaires les uns des autres et forment un tout. Aujourd'hui, en ajoutant à ce symbole la notion que Dieu est un Ordinateur Vivant, on peut encore mieux réaliser l'immensité et la puissance de l'Organisation Cosmique. Pour exprimer ces réalités qui dépassent l'entendement humain, il y a dans l'Arbre de Vie – ou l'Ordinateur Cosmique –, au-dessus de la Séphira Kéther, une région dénommée *Aïn Soph Aour*, qui signifie *Lumière sans fin*.

Les Séphiroth sont positionnées sur trois piliers : celui de droite représente la Clémence, la Puissance masculine, et il comprend les Séphiroth Hochmah, Hésed et Netzach. Le pilier de gauche symbolise la Rigueur, la Puissance féminine, et il comprend les Séphiroth Binah, Guébourah et Hod. Le pilier central représente l'Équilibre et il comprend les Séphiroth Kéther, (Daath), Tiphereth, Yésod et Malkouth.

L'harmonisation des piliers de droite et de gauche, représentée par le pilier central, signifie l'équilibre des polarités masculine et féminine, équilibre que tout être humain doit atteindre un jour.

LA CONFIGURATION ANGÉLIQUE DE L'ARBRE DE VIE

Dans l'Arbre de Vie, la Hiérarchie Angélique se présente par groupes de huit Anges qui sont domiciliés dans les Séphiroth Kéther, Hochmah, Binah, Hésed, Guébourah, Tiphéreth, Netzach, Hod et Yésod, donnant un ensemble de 72 Anges. Chaque groupe d'Anges est gouverné par un Archange.

La 10e Séphira, Malkouth, représente la Terre, et la Séphira cachée, Daath, représente la Bibliothèque Universelle.

La représentation de Dieu par le symbole de l'Arbre de Vie est un sujet de méditation permanente. Il en va de même pour le concept de Dieu comme Ordinateur Cosmique. Le contenu de ces symboles est inépuisable en termes de Connaissance.

Note : Il est essentiel de comprendre que les Anges ne sont pas moins importants que les Archanges. En effet, ils constituent ensemble la Hiérarchie Divine qui se situe au-delà du bien et du mal, au-delà du concept humain de hiérarchie, et représentent les Qualités et les Pouvoirs du Créateur et de la Conscience Cosmique.

1. Les Anges 1 à 8 habitent Kéther ;
Archange Métatron

2. Les Anges 9 à 16 habitent Hochmah ;
Archange Raziel

Daath, la grande Bibliothèque Universelle

3. Les Anges 17 à 24 habitent Binah ;
Archange Tsaphkiel

4. Les Anges 25 à 32 habitent Hésed ;
Archange Tsadkiel

5. Les Anges 33 à 40 habitent Guébourah ;
Archange Kamaël

6. Les Anges 41 à 48 habitent Tiphereth ;
Archange Mikaël

7. Les Anges 49 à 56 habitent Netzach ;
Archange Haniel

8. Les Anges 57 à 64 habitent Hod ;
Archange Raphaël

9. Les Anges 65 à 72 habitent Yésod ;
Archange Gabriel

10. Malkouth ; Archange Sandalfon

LES SÉPHIROTH

Les Séphiroth sont les grandes régions de l'Arbre de Vie, figure centrale de la Kabbale qui illustre de façon schématique non seulement la structure de la Conscience Universelle mais aussi la configuration de la conscience et du corps humains.

Ces régions sont placées dans l'Arbre de Vie de façon telle que plus on descend vers le bas, plus les énergies se densifient.

Comme mentionné dans l'encadré à la page 4, chaque Séphira est reliée à un groupe de huit Anges, un Archange et une correspondance planétaire.

DESCRIPTION DES SÉPHIROTH

Les Séphiroth peuvent être considérées comme des Centres de Vie, des transformateurs énergétiques de l'Énergie du Créateur. Dans cette section, nous examinerons brièvement les caractéristiques spécifiques des Séphiroth et leurs correspondances planétaires.

1. SÉPHIRA KÉTHER

La Séphira Kéther représente le Souffle Primordial qui crée notre Univers, la Volonté Créatrice et la Source d'où provient toute volonté. Elle symbolise le Feu Primordial. Ce Centre de Vie se manifeste symboliquement à travers la planète Neptune, laquelle représente l'inspiration du Dessein Divin.

2. SÉPHIRA HOCHMAH

Fontaine de Lumière, jaillissement d'Énergie Cosmique à l'état pur, point d'Amour Suprême et de Sagesse, la Séphira Hochmah se manifeste symboliquement à travers la planète Uranus. La Bonté caractéristique de l'énergie uranienne étant étrangère au mal, elle le dissoudra. La planète Uranus représente aussi la fraternité, l'altruisme et l'évolution.

3. SÉPHIRA BINAH

La Séphira Binah est celle qui délimite les formes. Elle est responsable de toutes les cristallisations, lesquelles permettent à l'Esprit de disposer d'un véhicule physique pour faire ses expériences. Elle représente la Puissance féminine de l'Univers, la Matrice Originelle. En quelque sorte, la Séphira Binah contient le mode d'emploi des Règles et des Lois Cosmiques. Elle se manifeste symboliquement à travers la planète Saturne, qui représente entre autres le sens du devoir, la persévérance, la concentration et la stabilité.

4. SÉPHIRA HÉSED

Centre de Vie porteur d'abondance, d'organisation, de concrétisation, de pouvoir et d'autonomie, la Séphira Hésed a un caractère paradisiaque. Elle est associée symboliquement à la planète Jupiter, qui représente entre autres l'application des Lois, la sociabilité, l'optimisme et l'expansion en général.

5. SÉPHIRA GUÉBOURAH

Ce Centre de Vie est la demeure du Chirurgien Céleste, qui *opère* dans les cas où les Lois Cosmiques n'ont pas été respectées. La Séphira Guébourah procure la force et la vigueur, et elle concerne le travail. Elle est associée symboliquement à la planète Mars, qui représente entre autres la franchise, l'activité, le dynamisme et le courage.

6. SÉPHIRA TIPHERETH

Ce Centre de Vie est celui qui établit la conscience chez l'être humain. Il agit comme lieu de transmission entre les plans de l'Esprit et ceux de la forme. La Séphira Tiphereth constitue la synthèse de toutes les Séphiroth. Elle est symboliquement associée au Soleil, qui représente entre autres la créativité, l'autorité, la synthèse et le rayonnement.

7. SÉPHIRA NETZACH

Ce Centre de Vie inspire la Beauté. C'est l'aspect de notre divinité intérieure qui nous offre des cadeaux et des solutions heureuses ; c'est la matérialisation de l'Amour. La Séphira Netzach procure le bonheur. Oasis, zone de tranquillité et de bien-être, elle se manifeste symboliquement à travers la planète Vénus, qui représente entre autres les événements heureux, la douceur, le raffinement et l'amour du beau.

8. SÉPHIRA HOD

Stade final de l'élaboration du plan de vie, la Séphira Hod applique les Lois de la Séphira Binah à un niveau de matérialisation relativement proche du monde physique. Dans l'univers matériel, cette Séphira se manifeste symboliquement par la planète Mercure, qui représente entre autres l'intelligence pratique, la faculté d'analyse, la science des analogies et la capacité de l'intellect humain à discerner le vrai du faux.

9. SÉPHIRA YÉSOD

Centre producteur d'images, cette Séphira projette la Conscience Supérieure – représentée par la Séphira Tiphereth – vers le bas, donnant lieu à l'acte physique. Ce faisant, elle recueille la synthèse des commandes des autres Séphiroth pour la transmettre à la matérialité. À l'inverse, elle canalise vers le haut l'information provenant de la Séphira Malkouth – c'est-à-dire l'ensemble des connaissances acquises par nos actions dans le plan physique –, la transmettant à la Conscience Supérieure. Dans le plan physique, cette Séphira se manifeste symboliquement par la Lune, qui représente entre autres la réceptivité, la polarité féminine, l'imagination et la fécondité. Sa qualité de neutralité lui permet de transmettre, de densifier et de cristalliser les élans reçus sans les altérer.

10. SÉPHIRA MALKOUTH

Ce Centre de Vie représente le moi physique et il est associé à la planète Terre. Il concerne donc la matérialité.

ANGELICA YOGA

L'Angélica yoga est une voie initiatique qui favorise le mariage de l'Esprit et de la matière. La pratique de l'Angelica yoga permet de mieux intégrer l'enseignement de l'Angéologie Traditionnelle.

L'Angélica yoga comprend une série d'exercices et de postures qui s'exercent conjointement avec la Pratique Récitatoire, c'est-à-dire en respirant consciemment, on répète avec une intention précise le nom de l'Ange choisi, ce qui permet d'activer en soi la vibration de son Énergie et de son Champ de Conscience. C'est une méthode intégrale dans le sens qu'elle touche les quatre plans de l'être – l'esprit, l'intellect, les émotions et le corps physique. Puisqu'il est possible d'expérimenter et de percevoir les effets de cette pratique autant dans notre monde intérieur que dans le monde extérieur, on entreprend par l'Angélica yoga une démarche tant mystique que scientifique. Il s'agit donc d'une approche totale.

Ces exercices constituent une excellente source d'apprentissage à la méditation active. En les pratiquant de façon régulière, notre vie quotidienne devient une méditation. Nous accomplissons ainsi nos gestes en accord avec les Lois Divines, en développant les Qualités, les Vertus et les Pouvoirs à l'état pur. Il s'agit donc d'un entraînement à la maîtrise qui s'applique dans la vie de tous les jours. Depuis la nuit des temps, des Sages ont expérimenté les effets de ces exercices sur l'être humain.

Avant d'aborder la description des exercices, examinons les principales composantes du système énergétique qui ont été identifiées dans le corps humain, soit la kundalini et les chakras.

LA KUNDALINI

Le mot *kundalini*, terme sanskrit qui signifie énergie vitale, désigne l'énergie qui est latente à la base de la colonne vertébrale. Avec l'évolution de l'être, cette énergie est censée monter dans le corps pour aller nourrir et éclairer les centres cérébraux qui ne sont pas encore éveillés. L'éveil de ces centres procure des facultés généralement considérées comme paranormales. La kundalini est représentée en Occident par le caducée d'Hermès, qui est devenu le symbole de la médecine. À l'origine, le caducée d'Hermès est représenté par un pilier le long duquel montent deux serpents. Ceux-ci représentent les polarités masculine et féminine de l'énergie vitale qui monte le long de la colonne vertébrale pour permettre à l'être d'avoir accès à la Connaissance.

En réalité, sur le plan énergétique, l'être humain est constitué de trois principaux courants, le premier, ascendant, le deuxième, descendant, et le troisième, central. Chez la majorité des personnes, le courant descendant est plus actif que le courant ascendant. Cela constitue un déséquilibre qui favorise l'irritabilité, la fatigue et l'insomnie. L'être est très concentré sur la matière et il a de la difficulté à s'intérioriser et à méditer. Toute tension ou tout dérangement augmente le courant descendant.

D'autre part, les personnes qui recherchent l'élévation spirituelle et qui ont tendance à fuir leurs responsabilités familiales, professionnelles et sociales créent ainsi le déséquilibre inverse : ils développent le courant ascendant au détriment du courant descendant. En se déconnectant de la matérialité, l'être se fuit lui-même. En fait, il n'est pas disposé à purifier ses mémoires inconscientes distorsionnées, car il tient à conserver le confort relatif qu'il a acquis et qu'il maintient par des moyens artificiels.

Lorsque les mémoires inconscientes erronées ont été transformées, lorsque l'être agit avec Sagesse et Amour Suprêmes, et non plus en réaction à l'émergence d'impulsions inconscientes – karmiques et liées au passé –, alors, l'énergie monte le long de la colonne vertébrale et redescend sans aucune modification. Elle demeure à l'état pur. L'Illumination ne peut avoir lieu que dans ces conditions.

Les Énergies Angéliques dont le nom se termine par EL augmentent le courant ascendant et travaillent sur la polarité masculine et l'émissivité. Celles dont le nom se termine par IAH augmentent le courant descendant et travaillent sur la polarité féminine, la réceptivité et la matérialisation.

L'énergie vitale est faite d'Intelligence – c'est sa substance même – et elle peut prendre toute forme, adopter toute fréquence vibratoire. Elle est ce qu'on appelle communément l'Esprit ou le Feu Créateur. Lorsqu'on infuse une Énergie Angélique à cette substance, on lui confère une information de type vibratoire supérieur. Un puissant Rayon est alors activé, et celui-ci tend à se manifester tant sur le plan physique qu'au niveau métaphysique.

L'énergie vitale de chaque être humain peut être comparée à un mini-ordinateur qui contient à la fois l'ensemble des mémoires de l'âme et la structure du fonctionnement de l'Univers. Cet ordinateur personnel est branché au grand Ordinateur Cosmique. L'ensemble des distorsions que l'âme a accumulées, en particulier celles qui sont liées aux instincts non maîtrisés, empêche l'énergie vitale de se manifester avec son plein potentiel dans les centres supérieurs de l'être. En fait, chez les personnes qui vivent avec une conscience ordinaire, seulement une infime portion de cette énergie y parvient. Lorsque la kundalini s'éveille, l'énergie vitale cherche à monter, et les distorsions, qui constituent des blocages à sa montée, sont généralement ressenties sous forme de brûlures le long de la colonne vertébrale.

Les exercices d'Angélica yoga visent à faire circuler l'énergie vitale en éliminant ces blocages. L'invocation d'un Ange pendant la pratique des exercices éveille les mémoires – tant positives que négatives – de l'énergie vitale en rapport avec le Rayon de l'Ange invoqué.

Lorsque l'énergie vitale parvient de façon importante aux centres cérébraux, elle provoque une mutation graduelle de la structure du cerveau en développant des connexions qui augmentent l'intelligence globale de l'être. Elle éveille aussi des parties du cervelet qui étaient jusque là inactives. L'ouverture ainsi créée constitue un réel passage à un niveau de conscience supérieur. L'être développe la clairsentience, la clairvoyance et la clairaudience, il acquiert une facilité à effectuer des sorties hors corps, et ses rêves prennent une autre qualité : ils deviennent plus conscients. À un moment donné, l'être constate qu'aucune différence ne subsiste plus entre la réalité et le rêve, car, dans les deux cas, les sens sont totalement éveillés.

La médulla oblongata, partie terminale de la moelle épinière qui se situe à l'arrière de la tête, tout près du cervelet, joue un rôle clé dans la captation et la transmission de l'énergie vitale. Elle régit entre autres certaines fonctions psychiques telles que la mémoire et la résurgence de souvenirs provenant de vies antérieures.

Lorsqu'elle est activée, elle favorise la clarté et la profondeur des rêves, et elle stimule l'imagerie mentale, cette faculté qui permet de créer des images intérieures. Au plan physique, la médulla oblongata contrôle la respiration, les battements cardiaques et les muscles entourant l'estomac et le tube digestif. Elle est aussi à l'origine de réflexes tels que le clignement des yeux, l'éternuement, la déglutition et la sécrétion de la salive.

LES CHAKRAS

La notion de *chakra*, ou centre énergétique, longtemps entourée de mystère, est devenue pour bien des gens une réalité vécue. En effet, diverses méthodes d'activation et de ré-harmonisation de ces centres sont maintenant disponibles et accessibles.

Les chakras sont des centres énergétiques qui captent, transforment et transmettent l'Énergie Cosmique. Ils ont pour fonction de nourrir énergétiquement les corps physique, émotionnel, intellectuel et spirituel de l'être et de permettre son évolution. Les principaux chakras se situent le long de la colonne vertébrale, depuis sa base jusqu'au sommet de la tête. Ils peuvent être comparés à des réservoirs d'énergie, chacun colorant l'énergie d'une façon qui lui est propre. En effet, ils émettent des vibrations perceptibles sous forme de rayonnements de diverses couleurs, dont l'une domine et est associée à chaque chakra. Si on considère l'ensemble du corps allant du bas de la colonne vertébrale jusqu'au sommet de la tête, ces couleurs vont du rouge au violet, en passant par toutes les couleurs de l'arc-en-ciel. D'autres chakras dits supérieurs émettent quant à eux des rayonnements de couleur or et blanc. La qualité de l'énergie de nos chakras dépend entièrement de celle de nos pensées, de nos émotions et de nos actions. Ainsi, au fur et à mesure de notre évolution, les chakras s'éveillent, se purifient et se déploient, et leur potentiel peut se manifester à travers l'ensemble de notre être.

À la lumière de l'Angéologie, on constate que des traitements d'harmonisation des chakras n'apportent pas nécessairement la guérison de l'âme. Ils peuvent être bénéfiques momentanément, mais, puisque ces centres énergétiques appartiennent au monde des conséquences (et non au monde des causes), dès que l'être a une pensée ou un sentiment distorsionné, les chakras perdent à nouveau l'équilibre et l'harmonie qu'ils avaient retrouvés.

Il reste que la connaissance des chakras – science basée sur des siècles d'expérimentation – est utile aux êtres qui ont amorcé un processus initiatique. Selon les anciens textes indiens et tibétains, le système énergétique humain comprend plus de 88 000 chakras. Ces données impliquent qu'il n'existe pratiquement aucune partie du corps humain qui ne puisse capter, transformer et transmettre l'énergie. La plupart de ces chakras sont minuscules et ne jouent qu'un rôle secondaire dans le vaste système énergétique du corps humain.

Le terme *chakra* signifie *roue* en sanskrit. Ces roues sont reliées entre elles par des *nadis,* qu'on peut comparer à des artères subtiles et dans lesquelles circulent le *prana* ou énergie. Dans certains écrits anciens, on dénombre jusqu'à 35 0000 *nadis.* Les Chinois et les Japonais utilisent un système similaire de canaux énergétiques, qu'ils appellent *méridiens,* et dont la connaissance forme la base de l'acupuncture.

Comme mentionné ci-dessus, chez la majorité des êtres humains, seulement une très faible partie de la force vitale de base – ou kundalini – circule dans les chakras supérieurs. Chez ces êtres, l'énergie – ou *prana* – se dissipe ou est utilisée principalement au niveau des deux premiers chakras inférieurs. Néanmoins, que les chakras soient ouverts, bloqués sur- ou sous-développés, dans tous les cas, le mouvement de leur énergie dépend directement des pensées, des émotions et des actes de l'être.

La méthode combinée du travail avec les Anges et l'Angélica yoga est des plus efficaces pour ré-harmoniser de façon naturelle l'axe des chakras et activer leur fonctionnement sain et juste. Dans cette méthode, la tête et le corps fonctionnent ensemble pour maximiser l'impact du travail de nettoyage du subconscient et de l'inconscient, et pour reprogrammer l'être selon le modèle des Qualités et Vertus Angéliques.

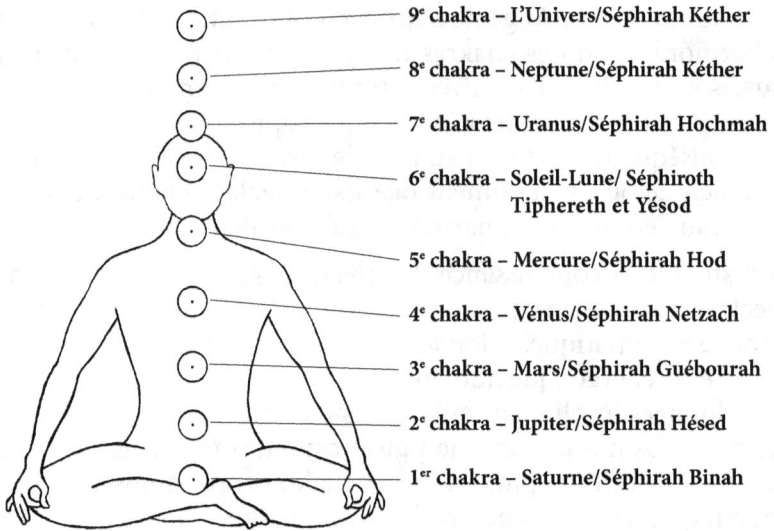

9ᵉ chakra – L'Univers/Séphirah Kéther

8ᵉ chakra – Neptune/Séphirah Kéther

7ᵉ chakra – Uranus/Séphirah Hochmah

6ᵉ chakra – Soleil-Lune/ Séphiroth Tiphereth et Yésod

5ᵉ chakra – Mercure/Séphirah Hod

4ᵉ chakra – Vénus/Séphirah Netzach

3ᵉ chakra – Mars/Séphirah Guébourah

2ᵉ chakra – Jupiter/Séphirah Hésed

1ᵉʳ chakra – Saturne/Séphirah Binah

FIGURE 1 – Les principaux chakras

La FIGURE 1 montre les neuf principaux chakras, dont les sept premiers sont les plus connus. Éveillés, le huitième et le neuvième chakra correspondent à des degrés d'évolution spirituelle très avancée.

Dans le travail avec les Anges, le rééquilibrage et la transformation de l'énergie des chakras se réalisent par la Pratique Récitatoire. Il n'est pas nécessaire de s'attarder sur un chakra en particulier, car le travail avec chaque Énergie Angélique a un effet harmonisant sur l'ensemble des chakras.

Voici la description des neuf principaux chakras, leurs fonctions, leurs expressions et leurs correspondances séphirotiques et Angéliques. À noter que la numérotation des chakras ne correspond pas à celle des Séphiroth dans l'Arbre de Vie.

Premier chakra – Saturne – Séphira Binah – Couleur : rouge

Dans le système énergétique de l'être humain, le premier chakra se situe dans la zone du périnée, c'est-à-dire entre l'anus et les organes génitaux. Il est relié au coccyx et il déploie son rayonnement vers le bas, vers l'élément terre. Lorsque son rayonnement se déploie positivement, il est de couleur rouge. Sa manifestation essentielle est la conscience physique, et il est lié à l'odorat. Au niveau du corps physique ce centre énergétique régit tout ce qui est

14

dur : la colonne vertébrale, les os en général, les dents et les ongles. Son activité se manifeste aussi dans les capsules surrénales, l'anus, la prostate, le gros intestin, le sang et la structure cellulaire.

Expression saine du premier chakra : Capacité de matérialiser, lien profond et personnel avec la Terre et ses créatures, grand potentiel de travail et de création, stabilité, équilibre moral et physique, grande force vitale et profond sentiment de sécurité.

Expression distorsionnée du premier chakra : *Appropriation des ressources, possession, colère, agressivité, recherche du plaisir des sens, matérialisme, insouciance quant aux conséquences de ses actes, orientation vers la satisfaction des désirs personnels, sentiment d'insécurité, manque de résistance physique et psychique, déconnexion d'avec la réalité matérielle, concrète, fuite des responsabilités, instabilité, constipation, obésité, boulimie ou anorexie.*

Les Énergies Angéliques correspondant au premier chakra sont les Anges domiciliés dans la Séphira Binah (Anges 17 à 24) et ceux qui y trouvent leur expression ou spécificité (Anges 2, 10, 26, 34, 42, 50, 58 et 66).

Deuxième chakra – Jupiter – Séphira Hésed – Couleur : orange

Le deuxième chakra se situe dans les corps énergétiques subtils juste au-dessus des organes génitaux et il s'ouvre vers le devant. Lorsque son rayonnement se déploie positivement, il est de couleur orange. Ce chakra est responsable des fonctions reproductrices et il est lié au goût. Reflétant son association avec la Séphira Hésed, il représente l'abondance matérielle et sensorielle. Il régit les organes génitaux, le bassin, les reins, la vessie, le sang, la lymphe et la sécrétion du suc gastrique.

Expression saine du deuxième chakra : Pureté, utilisation positive de l'énergie sexuelle, force créatrice, sentiments et plaisirs Divins.

Expression distorsionnée du deuxième chakra : *Abus sexuels, force sexuelle destructrice, sensualité exacerbée, rejet de la sexualité, attitude instinctuelle, grossièreté, adolescence difficile, refoulement et froideur émotionnels.*

Les Énergies Angéliques correspondant au deuxième chakra sont les Anges domiciliés dans la Séphira Hésed (Anges 25 à 32) et ceux qui y trouvent leur expression ou spécificité (Anges 3, 11, 19, 35, 43, 51, 59 et 67).

Troisième chakra – Mars – Séphira Guébourah – Couleur : jaune

Communément appelé plexus solaire, le troisième chakra se trouve environ à deux doigts au-dessus du nombril et il s'ouvre vers le devant. Il exprime l'élément feu. Lorsque son rayonnement se déploie positivement, sa couleur jaune tend vers le doré. Essentiellement, il se manifeste par l'affirmation et la réalisation de soi, et il est lié à la vue. Centre de la force martienne, il déploie une énergie solaire qui lui confère la confiance, la vitalité et l'identité sociale. Il régit le bas du dos, la cavité abdominale, le système digestif, l'estomac, le foie, la rate, la vésicule biliaire, le pancréas et le système neurovégétatif.

Expression saine du troisième chakra : Confiance, autorité, énergie rayonnante, enthousiasme, force, purification spirituelle, relations sociales harmonieuses et constructives, capacité de capter et de comprendre les énergies ambiantes positives ou négatives, protection, sensation de paix, et acceptation du plan de vie et du rôle social.

Expression distorsionnée du troisième chakra : *Manque de confiance en soi et en la vie, manque d'estime de soi, insatisfaction, frustration, dépression, difficulté à lâcher prise et à se détendre, sentiment d'insuffisance, agitation, irritabilité, rébellion, refuse son plan de vie, manque d'aisance sociale et impression de ne pas être à sa place, sentiments d'infériorité et de supériorité, contrôle, désir de conquête, recherche de notoriété sociale.*

Les Énergies Angéliques correspondant au troisième chakra sont les Anges domiciliés dans la Séphira Guébourah (Anges 33 à 40) et ceux qui y trouvent leur expression ou spécificité (Anges 4, 12, 20, 28, 44, 52, 60 et 68).

Quatrième chakra – Vénus – Séphira Netzach – Couleur : vert

Dans le système énergétique humain, le quatrième chakra se situe au centre de la poitrine, au niveau du coeur, et il s'ouvre vers l'avant. Sa couleur est principalement le vert mais il rayonne aussi le rose. Il est lié aux éléments eau et air, ainsi qu'au sens du toucher. Sa fonction est importante car il relie les trois chakras inférieurs, qui sont de nature instinctuelle, aux trois chakras supérieurs, qui sont de nature spirituelle. La caractéristique principale de ce chakra est l'amour véritable et inconditionnel. Au niveau du corps physique, il régit le coeur, la partie supérieure du dos, la cage thoracique, lapartie inférieure des poumons, le sang, la circulation sanguine, la peau et le thymus.

Expression saine du quatrième chakra : Amour inconditionnel, altruisme, compassion, tendresse, acceptation, énergie transformatrice, guérison, connexion à l'âme, joie, confiance, serviabilité et béatitude.

Expression distorsionnée du quatrième chakra : *Amour conditionnel, manque d'amour, sentiments négatifs, déception, séparation, rejet de la tendresse et de la douceur, dépendance affective, séduction, froideur, indifférence émotionnelle, rigidité.*

Les Énergies Angéliques correspondant au quatrième chakra sont les Anges domiciliés dans la Séphira Netzach (Anges 49 à 56) et ceux qui y trouvent leur expression ou spécificité (Anges 6, 14, 22, 30, 38, 46, 62 et 70).

Cinquième chakra – Mercure – Séphira Hod – Couleur : bleu

Le cinquième chakra est situé au niveau de la gorge et il s'ouvre vers le devant. On l'appelle aussi la troisième oreille car il est lié à l'ouïe. Sa couleur varie dans des tons de bleu, allant du bleu clair au bleu argenté et au bleu vert. Il se manifeste par l'expression de l'intellect et la faculté de communication. Au niveau physique, il régit la gorge, les cordes vocales, la voix, les oreilles, les mâchoires, le cou, la nuque, la trachée, l'oesophage, la glande thyroïde, les bronches, la partie supérieure des poumons et les bras.

Expression saine du cinquième chakra : Bonne communication, facilité d'expression, éloquence, expression positive de l'intellect, écoute de la voix intérieure, intégrité, sincérité, langage clair et imaginatif, poésie, voix mélodieuse, chant, musique, danse, art.

Expression distorsionnée du cinquième chakra : *Difficulté à s'exprimer, décalage entre ce que l'on pense et ce que l'on est véritablement, rationalisme, langage grossier et brutal, parole dépourvue de sens, désir de sauver les apparences, parole axée sur l'extérieur des choses et des êtres, caractère enjôleur, trompeur et manipulateur, manque d'aisance face à autrui, timidité, personnalité introvertie.*

Les Énergies Angéliques correspondant au cinquième chakra sont les Anges domiciliés dans la Séphira Hod (Anges 57 à 64) et ceux qui y trouvent leur expression ou spécificité (Anges 7, 15, 23, 31, 39, 47, 55 et 71).

Sixième chakra – Soleil-Lune – Séphiroth Tiphereth et Yésod – Couleur : indigo

Le sixième chakra se situe au milieu du front, à la hauteur des sourcils. Sa couleur est le bleu indigo, mais il émet également des rayons jaunes et violets. Essentiellement, ce chakra se manifeste par la clairvoyance, la clairaudience et la clairsentience. Son plein fonctionnement indique que l'être a atteint le premier degré d'Illumination. Ce chakra régit les yeux, le visage, les oreilles, le nez, les sinus, le cervelet, le système nerveux central et l'hypophyse. Sa fonction la plus importante consiste à mettre en interrelation le troisième oeil (le Soleil ou l'émissivité) et la médulla (la Lune ou la réceptivité).

Expression saine du sixième chakra : Perception consciente, forces mentales et aptitudes intellectuelles supérieures, clairvoyance, clairaudience, clairsentience, très bonne intuition et visualisation, capacité de dépasser les limites de la pensée rationnelle, compréhension métaphysique du monde matériel et découverte des mondes parallèles.

Expression distorsionnée du sixième chakra : *Importance démesurée donnée à l'intellect et à la raison, manque de vision, arrogance intellectuelle, critique, refus des connaissances spirituelles, esprit vengeur, utilisation du savoir à des fins uniquement personnelles, isolement, déformation des concepts spirituels, fausses croyances, illusions, vie dominée par des désirs matériels et des besoins physiques, distractions, pensées floues et confuses, troubles visuels, manque de pureté dans la médiumnité.*

Les Énergies Angéliques qui correspondent au sixième chakra sont, pour l'émissivité, les Anges résidant dans la Séphira Tiphereth (Anges 41 à 48) et ceux qui y trouvent leur expression ou spécificité (Anges 5, 13, 21, 29, 37, 53, 61 et 69) ; et pour la réceptivité, les Anges domiciliés dans la Séphira Yésod (Anges 65 à 72) et ceux qui y trouvent leur expression ou spécificité (Anges 8, 16, 24, 32, 40, 48, 56 et 64).

Septième chakra – Uranus – Séphira Hochmah – Couleur : violet

Le septième chakra se situe au sommet du crâne et il déploie son rayonnement vers le haut. Il est de couleur violet et il représente la découverte de l'essence de la Vie Universelle. Lorsqu'il fonctionne à son plein potentiel, l'être a atteint le deuxième degré d'Illumination. Ce chakra est le siège de l'accomplissement suprême de l'être humain. Son organe physique correspondant est le cerveau.

Expression saine du septième chakra : Harmonisation totale de l'ensemble des chakras, unité indivisible, fusion cosmique, Moi Universel, connaissances spirituelles, savoir intégral, compréhension que la matière est une forme-pensée de la Conscience Divine ; réalisation de la Volonté Divine : l'être humain devient une source de manifestation divine ; compréhension du langage symbolique, transcendance des limitations physiques, capacité de quitter le corps physique et de voyager dans les corps métaphysiques dans les autres dimensions de l'Univers ; transcendance du décalage entre l'intérieur et l'extérieur et compréhension de l'indissolubilité du monde du rêve et de la réalité terrestre ; capacité de recevoir dans les rêves et méditations des informations et de s'en souvenir ; science métaphysique et alchimie spirituelle ; béatitude et plénitude existentielles, altruisme, don de soi.

Expression distorsionnée du septième chakra : *Séparation de Dieu, athéisme, sentiment de vide intérieur, incertitude, absence de but précis, peur de la mort, manque d'énergie, incompréhension de la Divinité, refus de la Connaissance, sorties hors corps à des fins personnelles.*

Les Énergies Angéliques qui correspondent au septième chakra sont les Anges domiciliés dans la Séphira Hochmah (Anges 9 à 16) et ceux qui y trouvent leur expression ou spécificité (Anges 1, 17, 25, 33, 41, 49, 57 et 65).

Huitième chakra – Neptune – Séphira Kéther – Couleur : or

Le huitième chakra est une continuation du septième. Sa fonction essentielle consiste à amener l'être qui a atteint le deuxième degré d'Illumination à se manifester de façon divine dans la matière. Lorsque ce chakra fonctionne pleinement, l'être est parvenu au troisième degré d'Illumination. Par les pouvoirs spirituels qu'il confère, il permet à l'être de créer dans le monde des causes de façon consciente. Il peut alors connaître la destinée des autres et les aider à accomplir leur plan divin sur Terre. Les pouvoirs que confère le plein fonctionnement de ce chakra lui permettent de travailler, au cours de ses rêves et de ses méditations, à la matérialisation du Plan Divin. À ce niveau, il ne subsiste aucune distorsion.

Les Énergies Angéliques qui correspondent au huitième chakra sont celles qui résident dans la Séphira Kéther (Anges 1 à 8).

Neuvième chakra – l'Univers – Séphira Kéther – Couleur : blanc

Le neuvième chakra est une continuation du septième et du huitième chakra. Lorsqu'il fonctionne à pleine capacité, l'être a atteint le quatrième degré d'Illumination et il vit une fusion totale avec la Conscience Universelle. Lorsque cela se produit, l'être intègre le Pouvoir Divin : il rencontre Dieu, il devient son serviteur et plus aucun secret n'existe pour lui. L'ensemble des 72 Anges correspond au neuvième chakra.

Passé l'étape ultime de l'Illumination, l'être accède à la Sagesse Suprême, cette Sagesse qui échappe à toute tentative d'explication rationnelle ; seuls les êtres qui ont atteint ce degré d'évolution peuvent la comprendre.

La symbolique des chakras nous permet de comprendre de façon simple la complexité de l'être humain et les possibilités infinies qu'il porte en lui.

LES 21 EXERCICES DE BASE DE L'ANGELICA YOGA

LA RESPIRATION

Mieux respirer, c'est mieux vivre...

Le cerveau se nourrit principalement d'oxygène, dont l'approvisionnement se fait par l'intermédiaire du sang. Outre l'oxygénation, la fonction respiratoire comprend le rejet de gaz carbonique (CO_2). Les cellules ne disposent d'aucun autre moyen pour se débarrasser des déchets qu'elles produisent, que de les déverser dans le sang ; or, la purification de ce fluide vital se produit dans les poumons.

La respiration profonde intensifie la conscience et augmente la vigilance. Inspirer, expirer... Le mouvement de flux et de reflux est à la base de tous les rythmes de l'Univers. Par la respiration, nous participons à l'Harmonie Cosmique.

RECOMMANDATIONS GÉNÉRALES

Il est recommandé :

⊙ de choisir un Ange avant de sélectionner le ou les exercices que vous souhaitez pratiquer, et de lire attentivement ses Qualités et les distorsions qui leurs correspondent ; il est important de garder votre concentration et l'intensité de votre intention focalisées sur les Qualités que vous souhaitez développer ou sur les distorsions que vous souhaitez transcender ;

⊙ de travailler avec le même Ange pendant au moins cinq jours consécutifs. Vous pouvez suivre le Calendrier Angélique no. 1 ou choisir un Ange qui représente plus spécifiquement les Qualités que vous souhaitez activer ou développer. Mais l'invocation de n'importe lequel des 72 Anges pendant la pratique de l'Angelica Yoga produira des effets bénéfiques ;

⊙ d'inspirer et d'expirer plusieurs fois profondément, avant de commencer l'exercice, en répétant intérieurement le nom de l'Ange. De cette façon, un processus est mis en route, qui aide à comprendre et à intégrer plus facilement l'état de Conscience Angélique choisi ;

⊙ de faire une pause de quelques secondes après chaque exercice pour lire les sensations intérieures. Cela permet de percevoir en profondeur, de recevoir de l'intérieur et de développer la réceptivité ;

⊙ de pratiquer les exercices les yeux fermés parce que cela facilite l'intériorisation. Mais vous pouvez, bien entendu, aussi les pratiquer les yeux ouverts ; de faire les exercices sans forcer ; allez-y progressivement et respectez votre propre rythme ;

⊙ de faire quelques simples mouvements d'étirement et de réchauffement des muscles avant de commencer les exercices.

DESCRIPTION DES EXERCICES

1– *La respiration circulante*

Debout, assis, couché ou même en marchant, récitez intérieurement le nom de l'Ange avec une grande inspiration par le nez, et expirez lentement et très graduellement en imaginant que l'énergie descend le long du buste et de l'abdomen, passe entre les deux jambes et près de la zone sacrée, et remonte le long de la colonne vertébrale jusqu'au cerveau. Dans l'expiration, plusieurs tours de roue peuvent être réalisés.

Répétez l'exercice autant de fois que vous le souhaitez.

Pratiquée régulièrement, la respiration circulante déclenche des sensations de chaleur qui s'étendent du bas du dos jusque dans la tête. C'est un exercice très puissant qui constitue une bonne préparation à l'éveil de la kundalini.

Bienfaits physiologiques :

* Dynamise l'ensemble du corps ;
* Prévient les rhumes chroniques et élimine la mucosité du nez, de la gorge et des poumons.

Bienfaits métaphysiques :

* Favorise l'intériorisation ;
* Améliore la concentration ;
* Favorise l'éveil de la kundalini ;
* Prépare aux rêves et aux sorties hors corps.

2– *Le soufflet forge lent*

Dans la respiration, l'être humain ordinaire accorde la primauté à l'inspiration. Or, on ne peut obtenir un contenant d'eau pure que si on l'a préalablement vidé de ce qu'il contenait. De la même manière, la bonne respiration doit être précédée – cette condition est primordiale – d'une expiration complète.

En vous tenant debout, les bras relâchés le long du corps, expirez vigoureusement et complètement par le nez, et inspirez le nom de l'Ange de la même manière. Répétez cette façon de respirer un certain nombre de fois sans interruption. Le son de cette respiration saccadée rappelle celui d'un soufflet de forge.

Avertissement : Ne pas exécuter cet exercice en cas de bourdonnement dans les oreilles, de tendance au saignement de nez et de faiblesse pulmonaire.

Bienfaits physiologiques :

* Réchauffe le corps ;

* Améliore la digestion ;

* Facilite l'élimination des graisses, surtout celles de l'abdomen, aidant à perdre du poids.

Bienfaits métaphysiques :

* Favorise l'éveil de la kundalini.

3– Le soufflet forge à l'expiration

Contrairement à la respiration habituelle – dans laquelle l'inspiration est active et l'expiration passive –, cet exercice consiste à expirer de façon active et à inspirer de façon passive.

Debout, les bras relâchés le long du corps, expirez l'air par brèves rafales par le nez, et ensuite, laissez les poumons se remplir d'eux-mêmes en invoquant l'Ange choisi.

Répétez plusieurs fois.

La sangle abdominale est le moteur de cet exercice.

Bienfaits physiologiques :

* Optimise l'oxygénation du sang en maximisant la capacité pulmonaire ;
* Active la circulation sanguine ;
* Purifie l'éponge pulmonaire et entretient sa souplesse ;
* Tonifie le diaphragme ;
* Élimine les graisses de l'abdomen, aidant à perdre du poids ;
* Tonifie l'ensemble du système digestif et élimine la constipation ;
* Revitalise le système nerveux ;
* Favorise la sécrétion de l'adrénaline par les glandes surrénales.

Bienfaits métaphysiques :

* Favorise la réception de l'énergie vitale dans les Centres de Vie ;
* Favorise l'éveil de la kundalini.

4– La respiration ballon

Debout ou assis, inspirez le nom de l'Ange par les deux narines, de telle façon que le ventre se gonfle comme un ballon. Cette façon de respirer permet à l'air de pénétrer jusqu'au fond des poumons. Retenez l'air le plus longtemps possible, puis expirez lentement et progressivement par les narines.

Répétez de 7 à 14 fois.

Bienfaits physiologiques :

* Dynamise l'ensemble du corps ;
* Améliore la digestion et élimine les problèmes intestinaux.

Bienfaits métaphysiques :

* Purifie les canaux énergétiques ;
* Active les fonctions liées à la Séphira Hésed (Anges 25 à 32) ;
* Stimule les fonctions liées à la Séphira Guébourah (Anges 33 à 40).

5– Les rotations de la tête

Assis confortablement ou bien debout, les pieds légèrement écartés et le corps relâché, fermez les yeux et détendez-vous pendant quelques instants en inspirant et expirant profondément le nom de l'Ange choisi. En relâchant la tête et la nuque, laissez descendre lentement le menton sur la poitrine (*voir* FIGURE 2).

Faites des rotations de la tête en amenant d'abord l'oreille gauche au-dessus de l'épaule gauche, puis en relâchant la tête vers l'arrière et ensuite vers la droite, et enfin, en ramenant le menton vers la gorge. Cet exercice peut se pratiquer à poumons pleins ou en respiration naturelle.

Répétez plusieurs fois, puis recommencez dans l'autre sens.

Avertissement : Ne forcez pas, surtout si votre nuque est raide, et renoncez à cet exercice si vous avez des problèmes au niveau des vertèbres cervicales.

Bienfaits physiologiques :

* Relâche les tensions dans le cou, la nuque et les épaules, et stimule les nerfs de la zone cervicale ;

* Assouplit les cordes vocales et améliore la voix ;
* Améliore la vue ;
* Tonifie les gencives.

Bienfaits métaphysiques :

* Active les fonctions liées à la Séphira Hod (Anges 57 à 64).

FIGURE 2 – Les rotations de la tête

6– *Les mouvements axiaux*

Debout, les pieds écartés la largeur des épaules et les genoux légè-rement fléchis, détendez les épaules et les bras. Pivotez d'un côté et de l'autre sans bouger les pieds. Laissez les bras et la tête suivre librement le mouvement et respirez de façon naturelle. Les enfants font spontanément ce mouvement (*voir* FIGURE *3*).

Tout en vous balançant pendant une à plusieurs minutes, invo-quez intérieurement ou à haute voix l'Ange choisi.

Bienfaits physiologiques :

* Relâche les tensions dans l'ensemble du corps.

Bienfaits métaphysiques :

* Amène une profonde détente ;
* Stimule les fonctions liées à la Séphira Netzach (Anges 49 à 56) ;
* Active les fonctions associées à la Séphira Hod (Anges 57 à 64).

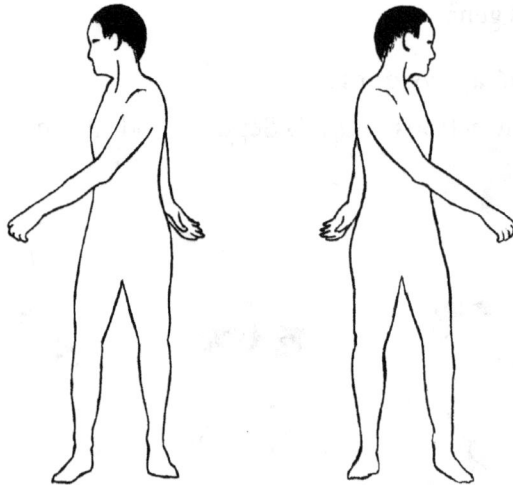

FIGURE 3 – Les mouvements axiaux

7– Le demi-cercle

Ceci est un exercice d'étirement. Debout, les pieds légèrement écartés, commencez par une expiration complète. Inspirez ensuite profondément en tendant les bras vers le ciel, les paumes des mains jointes comme si vous faisiez une prière. En expirant et sans incliner le buste vers l'avant, penchez le haut du corps vers la gauche ; revenez au milieu en inspirant, puis en expirant à nouveau penchez le haut du corps vers la droite (voir FIGURE 4).

Répétez ce mouvement de balancier 2 à 4 fois.

Si votre condition physique le permet, vous pouvez pratiquer cet exercice aussi à poumons pleins, c'est-à-dire en retenant le souffle.

Avertissement : Évitez de pencher le haut du corps vers l'avant ou vers l'arrière et n'exagérez pas les étirements sur le côté afin d'éviter le désalignement des vertèbres. Les personnes qui ont des disques vertébraux écrasés ou qui souffrent de hernies discales ou de douleurs dorsales doivent commencer à pratiquer cet exercice de façon très graduelle.

Bienfaits physiologiques :

* Favorise la détente de la cage thoracique, de l'abdomen et de la taille ;
* Stimule le fonctionnement des intestins ;
* Réaligne les vertèbres.

Bienfaits métaphysiques :

* Stimule les fonctions liées à la Séphira Binah (Anges 17 à 24) ;
* Active les fonctions liées à la Séphira Guébourah (Anges 33 à 40) ;
* Stimule les fonctions liées à la Séphira Netzach (Anges 49 à 56) ;
* Active les fonctions liées à la Séphira Hod (Anges 57 à 64).

Figure 4 – Le demi-cercle

8– L'antenne

Les pieds légèrement écartés, tendez les bras derrière le dos, les paumes jointes, les doigts croisés. Tout en maintenant les bras et les jambes bien droits ou légèrement pliés, inclinez le buste vers l'avant et laissez descendre la tête vers les genoux (*voir* FIGURE 5).

Tendez les bras vers le haut et autant que possible vers l'avant. Restez dans cette position pendant quelques instants, puis pliez légèrement les genoux et en inspirant redressez-vous graduellement pour reprendre la position de départ. Cet exercice se pratique en respiration libre en invoquant l'Ange choisi.

Bienfaits physiologiques :

* Favorise la détente de la colonne vertébrale ;
* Stimule les cellules cérébrales, améliore le teint et revitalise le cuir chevelu grâce à l'augmentation de l'afflux sanguin vers la tête.

Bienfaits métaphysiques :

* Stimule les fonctions liées à la Séphira Tiphereth (Anges 41 à 48) ;
* Active les fonctions liées à la Séphira Netzach (Anges 49 à 56) ;
* Stimule les fonctions liées à la Séphira Yésod (Anges 65 à 72).

FIGURE 5 – L'antenne

9– L'enfant détendu

Debout, les pieds légèrement écartés, expirez d'abord complètement. À l'inspiration tendez les bras au-dessus de la tête en inspirant profondément le nom de l'Ange, puis expirez en relâchant toute la partie supérieure du corps vers l'avant, les bras ballants, le cou souple, et le thorax, les épaules et les mains complètement détendus (*voir* FIGURE 6). Selon votre condition physique, vous pouvez exécuter cet exercice en gardant les jambes bien droites ou avec les genoux légèrement pliés.

Restez dans cette position pendant quelques minutes durant lesquelles vous vous concentrez sur la médulla oblongata. Ce qui compte n'est pas d'arriver à toucher le sol avec les doigts, mais bien d'être le plus détendu possible. La respiration, libre et naturelle, se fait en récitant le nom de l'Ange choisi. Pour revenir dans la position de départ, pliez légèrement les genoux et redressez-vous lentement en inspirant.

Répétez cet exercice de 1 à 3 fois.

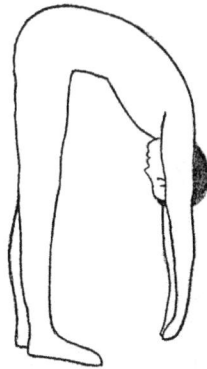

FIGURE 6 – L'enfant détendu

Bienfaits physiologiques :

* Active la circulation sanguine dans la tête, revitalisant toutes ses parties ;
* Tonifie le diaphragme ;
* Favorise le transit intestinal ;
* Détend et tonifie les yeux.

Bienfaits métaphysiques :

* Libère des tensions mentales et favorise la détente et la paix intérieure ;
* Stimule les fonctions liées à la Séphira Tiphereth (Anges 41 à 48) ;
* Active les fonctions liées à la Séphira Hod (Anges 57 à 64) ;
* Active les fonctions liées à la Séphira Yésod (Anges 65 à 72).

10– La remontée du plexus solaire

Debout, les pieds légèrement écartés, les genoux légèrement fléchis expirez d'abord complètement. En prenant avec les bras légèrement appui sur les cuisses, le buste penché vers l'avant, la colonne vertébrale érigée, inspirez profondément le nom de l'Ange, puis expirez (*voir* FIGURE 7).

FIGURE 7 – La remontée du plexus solaire

À poumons vides, faites semblant d'inspirer et d'expirer rapidement. Cela déclenche dans la cage thoracique des mouvements qui font monter et descendre la zone du plexus solaire. Ensuite, relâchez, détendez l'ensemble du corps et faites en douceur une inspiration profonde. Poursuivez avec quelques respirations naturelles en continuant d'invoquer l'Ange choisi.

Répétez de 1 à 3 fois.

Bienfaits physiologiques :

* Tonifie tous les organes de la digestion ;
* Favorise le transit intestinal ;
* Renforce le diaphragme ;
* Permet la montée et la fermeture des sphincters, ce qui favorise l'éveil de la kundalini.

Bienfaits métaphysiques :

* Facilite la transcendance de la sexualité ;
* Favorise l'éveil des Centres Supérieurs de l'être ;
* Active les fonctions liées à toutes les Séphiroth, plus particulièrement celles liées à la Séphira Guébourah (Anges 33 à 40).

11– L'activation du troisième oeil

Debout, les pieds légèrement écartés, videz totalement les poumons par une grande expiration, puis inspirez complètement (ventre, thorax, épaules) en invoquant l'Ange choisi, et retenez l'air.

À poumons pleins, amenez les mains au niveau du visage, serrez le nez entre les pouces et inclinez légèrement le buste vers l'avant, puis balancez-vous de gauche à droite et de droite à gauche, tout en montant et en redescendant le torse plusieurs fois (*voir FIGURE 8a*).

Après quelques balancements vers la droite et vers la gauche, revenez au centre et expulsez puissamment l'air par les narines en écartant rapidement les mains et en ouvrant grand les bras (*voir FIGURE 8b*).

Puis relâchez l'ensemble du corps en laissant pendre le tronc, les bras et les mains – comme dans la posture de l'enfant détendu. Maintenez cette posture pendant quelques instants (*voir FIGURE 8c*) en respirant de façon naturelle et en invoquant l'Ange. Pliez ensuite légèrement les genoux et redressez-vous lentement en inspirant.

Bienfaits physiologiques :

* Stimule les fibres nerveuses situées dans la muqueuse nasale. La stimulation de ces fibres reliées au ganglion de Gasser, lequel est situé à la base du crâne et relié aux autres nerfs crâniens, provoque des réflexes agissant par rétroaction sur tout le corps, en particulier sur la digestion, la vue et l'ouïe ;

* Stimule la zone de l'ethmoïde (entre les sourcils) et les nerfs olfactifs qui s'y trouvent ;
* Dynamise tout le corps.

Bienfaits métaphysiques :

* Active les fonctions liées à la Séphira Tiphereth (Anges 41 à 48) ;
* Stimule les fonctions liées à la Séphira Yésod (Anges 65 à 72) ;
* Favorise l'ouverture du troisième oeil.

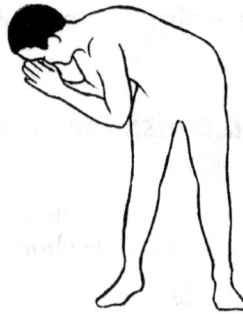

FIGURE 8a

FIGURE 8b

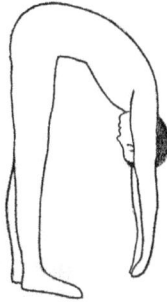

12– *L'arbre*

Debout, les pieds légèrement écartés, videz totalement les poumons, puis inspirez complètement (ventre, thorax, épaules) l'Énergie Angélique choisie.

Tendez les bras au-dessus de la tête, les paumes ouvertes vers le haut, et fixez le regard sur un point quelconque.

À poumons pleins, montez en équilibre sur les orteils et restez immobile et droit (*voir* FIGURE 9). Dans cette posture, contractez l'anus de façon soutenue.

Expirez complètement et détendez-vous quelques instants avant de recommencer.

Bienfaits physiologiques :

* Détend tout le corps ;
* Améliore la souplesse des muscles et des tendons.

Bienfaits métaphysiques :

* Active les fonctions liées à la Séphira Binah (Anges 17 à 24) ;
* Aide à assumer la matérialité et à trouver ses racines originelles ;
* Favorise la concentration.

FIGURE 9 – L'arbre

13– Position accroupie

Debout, les pieds légèrement écartés, pliez les genoux, installezvous en équilibre sur les orteils et croisez les doigts à la hauteur du ventre (*voir FIGURE 10*). Maintenez cette posture en récitant le nom de l'Ange choisi.

Bienfaits physiologiques :

* Libère de la constipation ;
* Tonifie et détend les mollets ;
* Assouplit les articulations des hanches ;
* Améliore la santé des pieds.

Bienfaits métaphysiques :

* Active les fonctions liées à la Séphira Binah (Anges 17 à 24).

FIGURE 10 – Position accroupie

14– Rotation du haut du corps

Debout, les jambes légèrement écartées, les pieds parallèles, croisez les bras derrière le dos en tenant un coude dans chaque main. Expirez complètement, puis inspirez profondément le nom de l'Ange, pendant que vous inclinez le buste vers l'avant en vous pliant au niveau de la taille. À partir de cette position et sans expirer, pivotez lentement tout le tronc dans un mouvement souple, de côté, derrière, de l'autre côté et en avant (*voir* FIGURE *11*). Faites un tour ou deux à poumons pleins, puis expirez. Inspirez à nouveau l'Énergie de l'Ange en faisant le même exercice dans l'autre sens.

Bienfaits physiologiques :

* Améliore les fonctions digestives, surtout celles de l'estomac ;
* Affine la taille.

Bienfaits métaphysiques :

* Active les fonctions liées à toutes les Séphiroth, et plus particulièrement celles liées aux Séphiroth Hésed (Anges 25 à 32) et Guébourah (Anges 33 à 40).

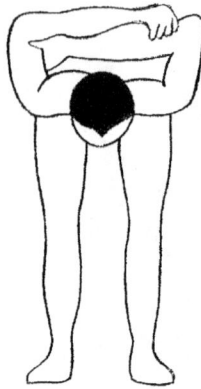

FIGURE 11 – Rotation du haut du corps

15– L'arc vers l'arrière

Assis sur une chaise ou debout, les pieds écartés la largeur de vos épaules, videz totalement les poumons par une grande expiration, puis inspirez complètement (ventre, thorax, épaules) en prononçant intérieurement le nom de l'Ange. Retenez l'air.

À poumons pleins, amenez les mains jusque derrière la tête, croisez les doigts et posez-les sur la nuque en faisant prudemment et en respectant vos limites l'arc vers l'arrière (*voir FIGURE 12*). Maintenez la position pendant quelques secondes, avant d'expirer lentement en reprenant progressivement la position de départ.

Avertissement : Cet exercice peut occasionner des étourdissements, dans lequel cas il faut revenir doucement à la position originale. Nous vous conseillons de pratiquer cet exercice d'abord dans la position assise et de l'exécuter en position debout à partir du moment où vous vous sentez à l'aise de le faire. Si vous choisissez de pratiquer dans la position debout, assurez-vous que l'espace autour est suffisamment grand, dégagé et sécurisé avec des coussins, matelas, etc.

Bienfaits physiologiques :

* Relâche et tonifie les muscles de la cage thoracique ;
* Intensifie l'afflux sanguin vers la tête, revitalisant toutes ses parties ;
* Libère des tensions mentales et affectives.

Bienfaits métaphysiques :

* Active les fonctions liées à la Séphira Guébourah (Anges 33 à 40) ;
* Stimule les fonctions liées à la Séphira Netzach (Anges 49 à 56) ;
* Active les fonctions liées à la Séphira Hod (Anges 57 à 64) ;
* Favorise les sorties hors corps.

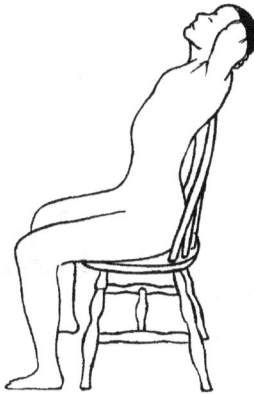

FIGURE 12 – L'arc vers l'arrière

16– Les ailes d'Ange

Assis sur le sol, les genoux pliés, joignez les plantes des pieds l'une contre l'autre en les tenant fermement avec les deux mains. Essayez de rapprocher les talons le plus près possible du corps. Bougez ensuite les jambes pliées dans un mouvement similaire à celui d'un battement d'ailes (*voir FIGURE 13*). Cet exercice se pratique avec une respiration naturelle en récitant intérieurement ou à haute voix le nom de l'Ange choisi.

Bienfaits physiologiques :

* Assouplit les articulations des genoux et des chevilles ;
* Dynamise tout le corps.

Bienfaits métaphysiques :

* Favorise l'éveil de la kundalini ;
* Active les fonctions liées à la Séphira Binah (Anges 17 à 24).

FIGURE 13 – Les ailes d'Ange

17– La chaise berçante

Allongez-vous sur un matelas d'exercice ou un tapis épais, et ramenez les genoux sur la poitrine en tenant vos jambes au niveau des tibias. Respirez librement en invoquant intérieurement le nom de l'Ange choisi. Basculez en avant puis en arrière en roulant sur la colonne vertébrale dans un mouvement doux, souple et régulier. À chaque basculement vers la tête, celle-ci touche délicatement le sol (*voir* FIGURE 14).

Bienfaits physiologiques :

* Aligne les vertèbres et assouplit la colonne vertébrale ;
* Favorise le transit intestinal ;
* Masse le nerf optique situé à l'arrière de la tête ;
* Active la médulla oblongata ;
* Détend les yeux.

Bienfaits métaphysiques :

* Favorise la montée de la kundalini ;
* Améliore la clarté et la profondeur des rêves et favorise la remémoration d'expériences passées de cette vie et des vies antérieures (surtout lorsque pratiqué en invoquant l'Ange 19 LEUVIAH). Il est, par conséquent, particulièrement bénéfique lorsque pratiqué juste avant le coucher ;
* Stimule les fonctions liées à toutes les Séphiroth.

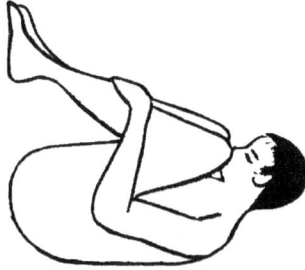

FIGURE 14 – La chaise berçante

18– Les pieds vers le Ciel

Sur un matelas d'exercice ou sur un tapis épais allongez-vous confortablement sur le dos et respirez quelques fois profondément pour vous détendre. Montez ensuite progressivement les jambes et le bassin vers le haut, en soutenant votre dos avec les mains, les coudes appuyés au sol. Dans cette posture, le menton est pressé sur la gorge. Tendez les jambes vers le haut et restez quelques secondes dans cette posture (*voir FIGURE 15*).

Prenant appui sur toute la longueur des bras et des mains, déroulez ensuite graduellement le dos, vertèbre par vertèbre, en gardant la tête et les épaules au sol. Puis détendez-vous en position allongée en respirant librement et en répétant intérieurement le nom de l'Ange.

Répétez l'exercice 2 ou 3 fois.

Bienfaits physiologiques :

* Améliore le fonctionnement des organes de reproduction (ovaires, testicules, prostate, etc.) et des glandes mammaires ;
* Embellit le teint ;
* Facilite la concentration.

Bienfaits métaphysiques :

* Active les fonctions liées à la Séphira Guébourah (Anges 33 à 40).

FIGURE 15 – Les pieds vers le Ciel

19– Le Ciel m'épaule

Allongé sur le dos, sur un matelas d'exercice ou un tapis épais, prenez plusieurs respirations profondes afin de vous détendre. Montez ensuite prudemment et progressivement les jambes vers le haut, en amenant la poitrine vers le menton et en soutenant le bas du dos avec les mains, les coudes au sol. En plaçant les mains plus près des épaules, la posture sera plus érigée (*voir* FIGURE 16).

Restez dans cette posture pendant quelques secondes en respirant de façon naturelle et en récitant le nom de l'Ange. Puis descendez lentement les jambes au-dessus de la tête, et demeurez dans cette posture également pendant quelques secondes.

Ramenez ensuite vos bras le long du corps, paumes face au sol, et, prenant appui sur toute la longueur des bras et des mains, déroulez graduellement le dos, vertèbre par vertèbre, en gardant la tête et les épaules au sol jusqu'à retrouver la position allongée. Détendez-vous quelques minutes en respirant librement et en répétant intérieurement le nom de l'Ange.

Répétez 1 ou 2 fois.

Bienfaits physiologiques :

* Stimule la glande thyroïde et favorise la sécrétion de thyroxine, hormone contenant de l'iode et influençant essentiellement la croissance et la différenciation des sexes ;
* Décongestionne le foie et la rate ;

* Élimine la constipation ;
* Améliore le fonctionnement des organes reproducteurs ;
* Prévient les varices ;
* Favorise la nutrition énergétique du cerveau, des poumons et du coeur ;
* Stimule le système digestif.

Bienfaits métaphysiques :

* Active les fonctions liées à l'ensemble des Séphiroth, et plus particulièrement celles correspondant aux Séphiroth Hésed (Anges 25 à 32) et Hod (Anges 57 à 64).

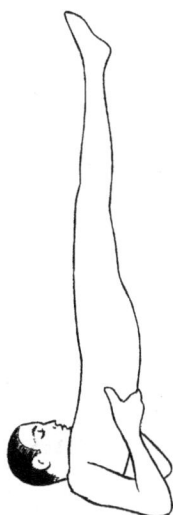

FIGURE 16 – Le Ciel m'épaule

20– *Le Chérubin*

Assis sur les talons, penchez le buste vers l'avant, de manière à poser le ventre sur les cuisses et le front au sol, au-delà des genoux. Déposez les bras le long des jambes, paumes vers le haut, et détendez-vous dans cette posture en respirant de façon naturelle le nom de l'Ange (*voir* FIGURE *17*).

On peut optimiser les bienfaits de cet exercice en invoquant l'Ange 9 HAZIEL ou en se répétant : « Je suis un enfant de Dieu. »

Bienfaits physiologiques :

* Soulage les douleurs musculaires et ligamentaires du bas du dos ;
* Stimule la fonction respiratoire.

Bienfaits métaphysiques :

* Active les fonctions liées à toutes les Séphiroth, et plus particulièrement celles correspondant à la Séphira Netzach (Anges 49 à 56).

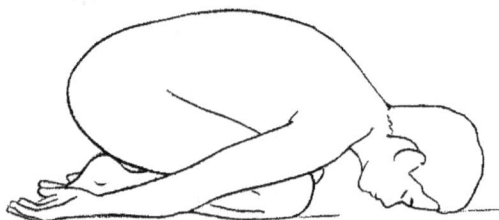

FIGURE 17 – Le Chérubin

21– Rendre sacré

On se croise les doigts...

Installez-vous en position de méditation. Croisez l'index et le majeur en posant l'extrémité du majeur – associé à la Séphira Binah – sur l'ongle de l'index – correspondant à la Séphira Hésed (*voir FIGURE 18*).

Ce geste comporte une grande signification symbolique : l'expansion, la croissance et la réussite, représentées par la Séphira Hésed, doivent toujours être chapeautées par les Lois Divines, elles-mêmes représentées par la Séphira Binah. Autrement dit, la véritable réussite se manifeste toujours lorsque la Justice Divine est appliquée.

Méditez aussi longtemps que vous le souhaitez en gardant les doigts ainsi croisés, soit à la main gauche, qui symbolise le monde intérieur, soit à la main droite, qui représente le monde de la manifestation et de l'action, ou encore aux deux mains, conjuguant ces deux effets. Pendant la méditation, faites la Pratique Récitatoire avec l'Ange 26 HAAIAH ou avec l'Ange 19 LEUVIAH, les deux Anges complémentaires qui sont sous l'influence des Séphiroth Binah (Anges 17 à 24) et Hésed (Anges 25 à 32).

Pratiquée régulièrement, cette position des doigts deviendra un 'signe-signal' qui, par son action dans l'inconscient, vous aidera à retrouver instantanément l'état de conscience de la vraie réussite.

Si tu respectes les Lois, tu réussiras.

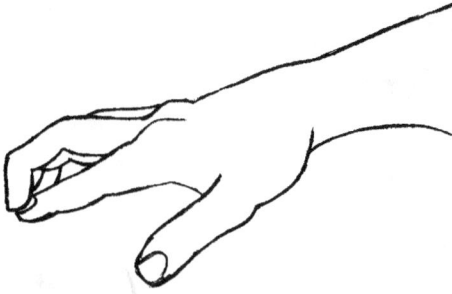

FIGURE 18 – Rendre sacré

Note: Pour approfondir votre compréhension et découvrir d'autres supports en lien avec ce yoga de la conscience, qui favorise le développement et l'incarnation des Qualités Angéliques sur tous les plans de votre être, nous vous invitons à visionner et écouter les exercices montrés sur le site https://www.angelica.yoga. Les exercices proposés sur le site sont tous disponibles dans les ouvrages ANGELICA YOGA, Tome 1 et 2. De plus, le livre illustré en couleurs ANGELICA YOGA POUR LES JEUNES sera une belle découverte pour tous ceux qui souhaiteront initier leurs enfants à ce yoga facile à pratiquer en famille et bénéfique pour tous les âges. Vous trouverez les coordonnées de ces ouvrages à la fin de ce livre, dans la liste des autres publications de l'UCM.

LES 72 ANGES
ANGÉOLOGIE TRADITIONNELLE

Quand on voyage en pays inconnu, les cartes géographiques nous sont bien utiles, voire indispensables. Il en va de même quand on explore la Conscience. Celle-ci est tellement vaste que lorsqu'on veut y travailler, on a besoin de repères pour éviter de s'y perdre. Chaque rayon de la Conscience est particulier, et l'Angéologie Traditionnelle nous fournit la liste des Qualités des Anges et des distorsions humaines pour nous aider à les différencier. C'est ce que nous retrouvons dans ce chapitre. La consultation régulière de ces listes comme aide-mémoire nous permet de nous familiariser avec chacun des 72 Anges et de structurer notre travail.

Très ancienne, cette liste est le produit de siècles de recherche rigoureuse et de travail sur la conscience. Telle que présentée ici, elle a été adaptée à l'ère contemporaine et en vue d'un usage universel.

Comment utiliser cette liste? Si on invoque un Ange pendant au moins cinq jours, on focalise sur le rayon ou la facette spécifique de notre conscience qu'Il représente. On a alors la possibilité d'observer la manifestation de l'Ange invoqué. Tout dépendant du contenu des mémoires situées sur le rayon touché, l'Ange se manifeste d'une façon pure ou bien fait ressortir nos distorsions. Mais Il se manifeste, c'est absolu. Ainsi on rencontrera dans nos rêves et dans les situations du quotidien exactement les caractéristiques de l'Ange invoqué. En portant attention à nos rêves et aux situations que l'on vit, on peut en reconnaître le contenu dans les Qualités et distorsions affichées dans cette liste. Cela nous permet de participer consciemment au travail que l'Ange effectue.

Note: Il est important d'interpréter les Qualités et les distorsions d'abord et avant tout en termes de conscience, autrement dit de ne pas les prendre au pied de la lettre.

1 VEHUIAH

Qualités

- Volonté Divine
- Apporte le Feu Créateur Primordial
- Capacité d'entreprendre, de commencer
- Succès pour toute nouvelle création
- Guide vers un travail inédit et dans un domaine d'avant-garde
- Donne l'exemple, sert de modèle, est un leader
- Aide à sortir de la confusion et de l'impasse
- Regain d'énergie qui permet de guérir la maladie, le mal-être et la dépression
- Abondance d'énergie, courage, audace, bravoure
- Aime comme si c'était la première fois
- Compréhension de sa propre valeur et de la valeur de l'autre, ainsi que de l'importance de l'individualité et de l'intimité
- Faculté de concentration, de focalisation sur un objectif
- Aide à comprendre le succès et le leadership véritables

Distorsions

- *Impose sa volonté, tendance à forcer, contrecarrer ou défier le Destin*
- *Têtu, acharné, autoritaire, imposant*
- *Déclenche la colère, la turbulence*
- *Intervient dans des affaires qui finiront mal*
- *Fonce sans réfléchir, passion dangereuse*
- *Réactions excessives, impétuosité, situations violentes, destruction de l'entourage*
- *Manque de dynamisme et de volonté*
- *Incapacité à déterminer son orientation ou la direction à prendre*

Physique : 21 mars au 25 mars
Émotionnel : 9 janvier, 21 mars, 3 juin, 17 août, 30 octobre
Intellectuel : 0 h 00 à 0 h 19
Domicile : Kéther / **Spécificité** : Hochmah

2 JELIEL

Qualités

- Amour, Sagesse
- Touche la vie de couple et la relation à l'autre
- Capacité de concrétiser et de consolider n'importe quelle réalité
- Association providentielle
- Accorde solidité, tranquillité et fécondité
- Accorde la fidélité du conjoint
- Règle tout litige et tout conflit
- Altruiste, cherche à manifester l'amour partout
- Médiateur, conciliateur
- Unifie les principes masculin et féminin
- Convivialité, vie harmonieuse
- Verbe puissant qui inspire le calme
- Aide à calmer les révolutions intérieures
- Capacité de persuasion, lucidité dans l'analyse théorique

Distorsions

- *Manque d'amour, absence de sagesse*
- *Difficultés dans la vie de couple et dans la relation avec les autres*
- *Mœurs et comportements pervers, corruption*
- *Mauvaises associations*
- *Conflit perpétuel, querelle, oppression, tyrannie*
- *Désaccord, séparation, divorce*
- *Problèmes avec la sexualité et la relation intime*
- *Célibat égoïste, rejette les enfants par égoïsme*
- *Difficulté à rencontrer un conjoint*

Physique : 26 mars au 30 mars
Émotionnel : 10 janvier, 22 mars, 4 juin, 18 août, 19 août de minuit à midi, 31 octobre
Intellectuel : 0 h 20 à 0 h 39
Domicile : Kéther / **Spécificité** : Binah

3 SITAEL

Qualités

- Construction
- Maître bâtisseur tant à l'intérieur qu'à l'extérieur
- Haute Science
- Confère le pouvoir d'expansion, la capacité de tout faire fructifier
- Planificateur, grand stratège, doué d'un sens pratique
- Administrateur honnête et intègre
- Soutien qui permet de vaincre toute difficulté, toute adversité
- Capacité de concevoir un enfant, un projet
- Aide à prendre conscience de nos erreurs et à transformer nos karmas
- Noblesse, magnanimité, générosité, clémence
- Fidèle à la parole donnée, pacificateur
- Emploi avec d'importantes responsabilités
- Architecte et ingénieur au service du Divin
- Don pour négocier, enthousiasme
- Notoriété sociale et politique

Distorsions

- *Destruction, écroulement des structures, période défavorable, ruine*
- *Avidité, excès, stratégie démoniaque*
- *Erreur de préparation, de planification et d'appréciation*
- *Difficulté à concevoir un enfant, un projet*
- *Agressivité, ingratitude, vantardise*
- *Hypocrisie, emphase mise sur la façade, manque d'authenticité*
- *Personne qui ne tient pas ses promesses ou qui n'est pas fidèle à sa parole*

Physique : 31 mars au 4 avril
Émotionnel : 11 janvier, 23 mars, 5 juin, 19 août de midi à minuit, 20 août, 1er novembre
Intellectuel : 0 h 40 à 0 h 59
Domicile : Kéther / **Spécificité** : Hésed

4 ELEMIAH

Qualités

- Pouvoir Divin
- Haute Science
- Autorité juste, équitable, impartiale
- Redressement, découverte d'un nouveau chemin
- Force qui aide à passer à l'action, capacité de décision
- Participation à la création du Destin
- Étude et révélation du plan de vie
- Découverte de l'orientation professionnelle
- Initiative, entreprise, engagement
- Optimisme, fin d'une période difficile
- Disparition de l'agitation et des tourments
- Permet d'identifier ceux qui nous ont trahis pour faire la paix avec eux

Distorsions

- *Pouvoir diabolique orienté vers la satisfaction des besoins personnels*
- *Inertie, tendances destructrices*
- *Échec professionnel, faillite, revers, période de destruction*
- *Pessimisme, tourments, découvertes dangereuses*
- *Trahison, existence de traîtres intérieurs*
- *Avidité et abus de pouvoir*
- *Domination par les autres*
- *Épuisement, à bout de ressources*
- *Complexes de supériorité et d'infériorité*

Physique : 5 avril au 9 avril
Émotionnel : 12 janvier, 24 mars, 6 juin, 21 août, 2 novembre
Intellectuel : 1 h 00 à 1 h 19
Domicile : Kéther / **Spécificité** : Guébourah

5 MAHASIAH

Qualités

- Rectification des erreurs
- Réforme, rétablit l'Ordre Divin
- Redresse ce qui pousse de travers avant la matérialisation
- Facilite l'apprentissage
- Capacité de vivre en paix et de jouir des choses simples et naturelles
- Réussite des examens
- Entrée dans une école initiatique
- Analyse des rêves, étude du langage symbolique
- Décodage des signes reçus dans la vie quotidienne
- Aptitudes pour la Science Initiatique
- Amélioration du caractère, existence belle et heureuse
- Facilité dans l'apprentissage des langues

Distorsions

- *Difficulté à rectifier, réparer, reconnaître et regretter ses erreurs ou à pardonner les erreurs commises par autrui*
- *Tendance à vouloir se venger, rancune, préjugés, arrogance*
- *Malfaisant, pernicieux*
- *Ignorance*
- *Libertinage, abus sexuels*
- *Dénégation de ses propres erreurs, mauvais caractère, difficile à vivre*
- *Difficulté à apprendre, mauvais choix, autoritarisme*
- *Adhésion à un mouvement spirituel pour fuir la réalité*
- *Santé précaire*

Physique : 10 avril au 14 avril
Émotionnel : 13 janvier, 25 mars, 7 juin, 22 août, 3 novembre
Intellectuel : 1 h 20 à 1 h 39
Domicile : Kéther / **Spécificité :** Tiphereth

6 LELAHEL

Qualités

- Lumière Divine qui guérit tout (Lumière d'Amour)
- Lucidité, clarté de compréhension
- Renommée, bonheur, fortune
- Embellissement, beauté naturelle
- Miroir de l'âme
- Art de bien s'exprimer dans la société
- Célébrité par le talent et les réalisations
- Artiste

Distorsions

- *Manque d'amour empêchant la guérison et la compréhension*
- *Ambition*
- *Porte des masques, personnalités multiples*
- *Beauté extérieure seulement*
- *Se pense indispensable*
- *Complexes de supériorité et d'infériorité*
- *Dépenses inutiles, gaspillage*
- *Tendance à tout prendre pour acquis*
- *Fortune acquise illicitement (argent sale)*
- *Arrivisme, orgueil*
- *Axé uniquement sur l'aspect matériel des choses et des êtres*
- *Utilise son charme à des fins personnelles et égoïstes*
- *Vit au-dessus de ses moyens*
- *Situation instable*

Physique : 15 avril au 20 avril
Émotionnel : 14 janvier, 26 mars, 8 juin, 23 août, 4 novembre
Intellectuel : 1 h 40 à 1 h 59
Domicile : Kéther / **Spécificité :** Netzach

7 ACHAIAH

Qualités

- Patience
- Découverte du rôle de la patience dans le processus de Création de l'Univers
- Exploration des dimensions intérieures, aide à découvrir la Vérité
- Bonne utilisation des périodes d'attente
- Facilité dans l'exécution de travaux difficiles
- Force bénéfique à l'utilisation des ordinateurs et à la programmation
- Faculté d'introspection et discernement permettant de découvrir les aspects cachés, occultés
- Propagateur de la Lumière (de la Connaissance)
- Facilite la diffusion médiatique par les ordinateurs, la télévision, la radio, la presse et l'édition
- Soutien pour réussir les examens et résoudre les problèmes difficiles, donne le goût de s'instruire
- Aide à découvrir les secrets cachés, à trouver des solutions inédites

Distorsions

- *Impatience, révolte, résignation*
- *Paresse, négligence, insouciance, ignorance*
- *N'a aucune envie d'apprendre, n'étudie pas*
- *Échec aux examens, désarroi face aux situations nouvelles*
- *Paralysie face à l'adversité*
- *Problèmes avec les ordinateurs et la programmation*
- *Écarté des postes de commande*
- *Manipulation médiatique, recherche de gloire personnelle*
- *Incompréhension*
- *Ne tient pas ses promesses*

Physique : 21 avril au 25 avril
Émotionnel : 15 janvier, 27 mars, 9 juin, 24 août, 5 novembre
Intellectuel : 2 h 00 à 2 h 19
Domicile : Kéther / **Spécificité :** Hod

8 CAHETEL

Qualités

- Bénédiction Divine
- Gratitude
- Matérialise la Volonté Divine
- Enfantement, accouchement
- Réussite facile, progrès, aide à changer de mode de vie
- Grande capacité de travail, vie active
- Richesse matérielle
- Terres fertiles, récoltes abondantes, nourriture pour l'âme
- Harmonie avec les Lois Cosmiques
- Patron des quatre éléments : feu, air, eau, terre
- Libère des mauvais esprits

Distorsions

- *Manque de gratitude*
- *Personne excessivement centrée sur elle-même, qui ne suit que ses propres intérêts, comportement prédateur*
- *Échec matériel, ruine*
- *Agit contre le Destin, se rebelle contre son plan de vie et contre le Programme Cosmique, Divin*
- *Activités inutiles et stériles*
- *Volontarisme excessif, rigidité*
- *Despotisme, orgueil, mauvais caractère, blasphème*
- *Fortune utilisée uniquement à des fins matérielles*
- *Pluies torrentielles, inondations, eaux polluées*
- *Climat catastrophique, incendies*
- *Sentiments troubles, agression, transgression*
- *Agit à l'encontre des lois, corruption, écrase les autres*

Physique : 26 avril au 30 avril
Émotionnel : 16 janvier, 28 mars, 10 juin, 25 août, 6 novembre
Intellectuel : 2 h 20 à 2 h 39
Domicile : Kéther / **Spécificité** : Yésod

9 HAZIEL

Qualités

- Amour Universel
- Miséricorde Divine
- Don du pardon, réconciliation
- Bonne foi
- Confiance, sincérité
- Bonté qui absout tout mal
- Énergie puissante qui transforme tout négativisme
- Appui, soutien, amitié, grâce, faveur des puissants
- Promesse, engagement
- Altruisme, désintéressement
- Pureté de l'enfance

Distorsions

- *Difficulté à aimer et à être aimé et/ou absence d'amour*
- *Possessivité, jalousie, passion, peur d'aimer et d'être aimé*
- *Haine, guerre, non-réconciliation*
- *Hypocrite, trompe les autres*
- *Manipule pour obtenir la faveur des puissants*
- *Rancœur, malveillance, hostilité*

Physique : 1er mai au 5 mai
Émotionnel : 17 janvier, 29 mars, 11 juin, 26 août, 7 novembre
Intellectuel : 2 h 40 à 2 h 59
Domicile : Hochmah / **Spécificité** : Hochmah

10 ALADIAH

Qualités

* Grâce Divine qui absout et pardonne toute faute
* Dissout tout karma
* Abondance spirituelle et matérielle
* Innocence
* Réinsertion dans la société
* Grand pouvoir de guérison
* Régénération, santé florissante
* Aide les défavorisés
* Nouveau départ, seconde chance

Distorsions

- *Attitudes et comportements générant des problèmes et des difficultés karmiques*
- *Répétition des erreurs et des actes manqués*
- *Spiritualité dangereuse, faux gourou*
- *Gaspillage*
- *Promesses non tenues*
- *Crimes cachés*
- *Déchéance morale*
- *Négligence*
- *Nonchalance, indifférence, mollesse*
- *Mauvaise santé, karma difficile*
- *Boulimie, excès sexuels, luxure*
- *Malfaiteur, personne qui enfreint la loi, prisonnier*

Physique : 6 mai au 10 mai
Émotionnel : 18 janvier, 30 mars, 12 juin, 13 juin de minuit à midi, 27 août, 8 novembre
Intellectuel : 3 h 00 à 3 h 19
Domicile : Hochmah / **Spécificité** : Binah

11 LAUVIAH

Qualités

- Victoire
- Renommée, célébrité, réussite
- Expertise
- Vie de dévouement
- Altruisme, bonté, gentillesse
- Reçoit la Lumière de Dieu
- Confiance, enthousiasme, joie
- Réussite des initiations
- Amour exalté pour l'Œuvre Divine
- Entreprises utiles et profitables pour l'humanité
- Peut tout obtenir des grands de ce monde
- Organisation Cosmique

Distorsions

- *Difficulté à réussir, à avoir du succès, échec*
- *Joue des rôles pour plaire, manque d'authenticité, hyper positivisme*
- *Focalisation excessive sur la renommée, la célébrité, la notoriété, ou tendance à les rejeter et à se contenter d'une vie médiocre*
- *Vise trop haut ou trop bas*
- *Envie, jalousie, orgueil, calomnie, utilise la ruse pour réussir*
- *Extravagance, ambition, avidité de pouvoir*
- *Matérialisme excessif, veut jouir uniquement des ressources physiques*
- *Débordements émotionnels, dépendance affective*
- *Manque de confiance et/ou difficulté à avoir confiance en autrui*
- *Œuvres perverses*
- *Foudre, réprimande de l'Intelligence Cosmique*

Physique : 11 mai au 15 mai
Émotionnel : 19 janvier, 31 mars, 13 juin de midi à minuit, 14 juin, 28 août, 9 novembre
Intellectuel : 3 h 20 à 3 h 39
Domicile : Hochmah / **Spécificité** : Hésed

12 HAHAIAH

Qualités

- Refuge, période de calme, de repos
- Méditation, intériorisation, amour de la solitude
- Favorise le sommeil, aide à se ressourcer, à renouveler son énergie et à rétablir l'équilibre entre la vie intime et la vie sociale
- Inspire à prendre soin autant de notre monde intérieur que de notre maison, notre foyer
- Appréciation de la propreté et de l'ordre
- Harmonisation intérieure par la remise en question de soi
- Transforme les attitudes destructrices
- Isole les tendances négatives dans un cercle énergétique
- Examen de la vie personnelle
- Dissolution de l'agressivité
- Facilite l'interprétation des rêves, donne accès aux mystères occultes
- Accorde la paix, protège
- Accroît la médiumnité
- Attitude positive, discrétion

Distorsions

- *Tendance à se retirer, à s'isoler, à s'évader, à fuir ou à refuser de faire face à ses responsabilités; ou comportement hyperactif par lequel l'être cherche à camoufler ses problèmes, ses soucis et insécurités, ses blessures ou difficultés émotionnelles*
- *Indépendance excessive, attitude d'ermite*
- *Période de stress et d'agitation, manque de temps pour soi, difficulté à s'intérioriser et à méditer*
- *Excès ou manque de vie sociale*
- *Comportement asocial*
- *Tendance à entretenir, nourrir, ruminer des problèmes émotionnels ou à refuser de leur faire face, ou à bouder, à faire la tête*
- *Impulsivité, agressivité*
- *Dépendances*
- *Négativisme, indiscrétion*
- *Mensonge, abus de confiance, trahison, amertume, ressentiment, résignation, rancune*
- *Hallucinations*
- *Supercherie et élucubrations de médiums déséquilibrés*
- *Confusion entre les rêves et la réalité*
- *Phobies: agoraphobie, claustrophobie, etc.*

Physique : 16 mai au 20 mai
Émotionnel : 20 janvier, 1er avril, 15 juin, 29 août, 10 novembre
Intellectuel : 3 h 40 à 3 h 59
Domicile : Hochmah / **Spécificité** : Guébourah

13 IEZALEL

Qualités

- Fidélité
- Réconciliation, affinité
- Facilité d'apprentissage
- Mémoires heureuses
- Amitié, rassemblements
- Fidèle serviteur
- Préparation des rencontres
- Fidèle aux Principes Divins
- Donne forme à l'unité, à l'union
- Complémentarité et équilibre entre le masculin et le féminin
- Ordre, harmonie

Distorsions

- *Infidélité*
- *Enchaînement, passion*
- *Focalisation excessive sur les besoins personnels et la vie sociale*
- *Veut plaire à tout le monde*
- *Blesse les enfants, détruit le mariage et la famille, séparation, divorce*
- *Engendre des karmas lourds de conséquences*
- *Ignorance, erreur*
- *Esprit limité*
- *Tendance à ne pas tirer de leçons des expériences vécues*
- *Éloignement des êtres aimés*
- *Mensonge, tricherie*
- *Ne souhaite pas apprendre*
- *Influence négative sur les autres et sur les situations*

Physique : 21 mai au 25 mai
Émotionnel : 21 janvier, 2 avril, 16 juin, 30 août, 11 novembre
Intellectuel : 4 h 00 à 4 h 19
Domicile : Hochmah / **Spécificité** : Tiphereth

14 MEBAHEL

Qualités

- Engagement
- Aide humanitaire, altruisme
- Devise : Vérité, Liberté, Justice
- Amour inconditionnel
- Inspiration en provenance des Mondes Supérieurs
- Libère les opprimés et les prisonniers
- Aide ceux qui ont perdu l'espoir
- Équité, aime la justesse, l'exactitude, la précision et les choix justes, rétablit l'ordre naturel
- Respect de l'environnement
- Exorcisme
- Médiation, arbitrage
- Abondance, richesse, élévation des sens

Distorsions

- *Difficulté à s'engager ou désengagement*
- *Ne tient pas ses promesses, manque à sa parole*
- *Aide les autres de manière excessive ou insuffisante*
- *Sentiment d'être mal aimé ou rejeté*
- *Problèmes avec la vérité et la justice, mensonge, calomnie, faux témoignage*
- *Procès, accusation, captivité, emprisonnement*
- *Malfaiteur, criminel*
- *Usurpation, lutte intérieure, adversité, oppression*
- *Forces démoniaques*
- *Dynamique tyran/victime*
- *S'identifie à la loi et aux conventions sociales*
- *Marche à contre-courant*

Physique : 26 mai au 31 mai
Émotionnel : 22 janvier, 3 avril, 17 juin, 31 août, 12 novembre
Intellectuel : 4 h 20 à 4 h 39
Domicile : Hochmah / **Spécificité :** Netzach

15 HARIEL

Qualités

- Purification
- Pureté des mœurs, innocence
- Sentiments spirituels
- Découverte de nouvelles méthodes, inventions utiles
- Inspiration pour les scientifiques et les artistes
- Blanchit la conscience en lui infusant simultanément la Loi et la Connaissance
- Procure une grande lucidité, éveille le discernement
- Rétablit la communication entre l'individualité et la personnalité
- Libère de la paralysie, de ce qui empêche d'agir
- Libère de toutes les formes de dépendance

Distorsions

- *Puritanisme*
- *Perfectionnisme excessif, trop focalisé sur les détails, manque de vision globale*
- *Caractère compliqué*
- *Se rend complice des forces de l'abîme*
- *Prêt à mourir pour imposer ou défendre une vérité non naturelle*
- *Terrorisme, extrémisme*
- *Esprit sectaire*
- *Échec, effondrement*
- *Lutte contre l'ordre naturel*
- *Mentalité desséchante, esprit excessivement analytique, tendance à disséquer exagérément*
- *Discernement faussé, jugement erroné, principes inversés*
- *Séparatisme*

Physique : 1er juin au 5 juin
Émotionnel : 23 janvier, 4 avril, 18 juin, 1er septembre, 13 novembre
Intellectuel : 4 h 40 à 4 h 59
Domicile : Hochmah / **Spécificité** : Hod

16 HEKAMIAH

Qualités

- Loyauté aux Principes Divins
- Attitude royale
- Respect des engagements
- Coordonnateur, pacificateur
- Franchise, noblesse
- Obtient des responsabilités
- Libérateur
- Amour Universel
- Devient un leader, un chef, un président
- Organisation politique et sociale

Distorsions

- *Traîtrise, trahison, guerre, révolte*
- *Mode de vie marqué par l'arrogance, le snobisme*
- *Complexes de supériorité et d'infériorité*
- *Envie, jalousie*
- *Matérialisme excessif*
- *Écartèlement, déchirement*
- *Fait obstacle aux réalisations de notre nature supérieure*
- *Égoïsme, amour trop personnel, passion*
- *Complot, manigance*
- *Provoque la dissidence dans le groupe, discorde, désaccord*
- *Sentiment d'être diminué, servilité*
- *Irresponsable*
- *Idolâtre, égocentrique, mégalomane*

Physique : 6 juin au 10 juin
Émotionnel : 24 janvier de minuit à 18 h, 5 avril, 19 juin, 2 septembre, 14 novembre
Intellectuel : 5 h 00 à 5 h 19
Domicile : Hochmah / **Spécificité :** Yésod

17 LAUVIAH

Qualités

- Révélations
- Faculté de compréhension intuitive, sans analyse et sans étude, télépathie, connaissance des mécanismes de la psyché
- Agit contre les tourments et la tristesse
- État permanent de joie, ascension spirituelle
- Don pour la musique, la poésie, la littérature et la philosophie transcendantes, transcendantales
- Hautes Sciences
- Fait percevoir les grands mystères de l'Univers et les Lois Cosmiques pendant la nuit, révélations reçues en rêve, en songe et en méditation
- Pénètre l'inconscient

Distorsions

- *Vit dans l'illusion, n'est pas assez ancré dans la réalité concrète*
- *Ignorance, fausses perceptions, comportement erroné, athéisme, ne tient pas ses promesses*
- *Tourments, dépression, tristesse*
- *Insomnie, hyperactivité*
- *Angoisse existentielle, anxiété, décrochage, marginalité choisie ou imposée*
- *Prophète de malheur, esprit malsain et trompeur*
- *Attitude hautaine, arrogante*
- *Entêtement, mauvaise perception, problèmes matériels*
- *Manque de foi, d'enthousiasme et de confiance en soi et envers les autres*
- *Décalage entre le corps et l'esprit, se perd dans l'abstrait*
- *Science sans conscience*
- *Difficulté à exprimer le Savoir*

Physique : 11 juin au 15 juin
Émotionnel : 24 janvier de 18 h à minuit, 6 avril, 20 juin, 3 septembre, 15 novembre
Intellectuel : 5 h 20 à 5 h 39
Domicile : Binah / **Spécificité** : Hochmah

18 CALIEL

Qualités

- Vérité absolue
- Élimine tout doute, innocente
- Justice Divine, vision karmique
- Tribunal de conscience
- Discerne ce qui est juste
- Compréhension de l'interaction entre le bien et le mal
- Respect des Lois Divines
- Jugement parfait, honnêteté
- Juge, magistrat, avocat, notaire
- Intégrité, amour de la justice
- Aide à découvrir la Vérité, à retrouver la source d'élévation
- Compréhension que seul le fait d'être juste peut amener la paix, la quiétude, le bien-être intérieur
- Capacité à deviner les intentions

Distorsions

- *Problèmes avec la vérité et la justice*
- *Condamnation*
- *Utilise la justice uniquement pour s'enrichir matériellement*
- *Cherche à gagner, rivalise*
- *Faux témoin, fausse preuve, flatterie*
- *Procès injuste, adversité*
- *Scandale, bassesse, corruption, malhonnêteté, fausseté*
- *Situation confuse et embrouillée*
- *S'éloigne de la Vérité, période ténébreuse*

Physique : 16 juin au 21 juin
Émotionnel : 25 janvier, 7 avril, 21 juin, 4 septembre, 16 novembre
Intellectuel : 5 h 40 à 5 h 59
Domicile : Binah / **Spécificité :** Binah

19 LEUVIAH

Qualités

- Intelligence expansive
- Mémoire des vies antérieures, Mémoire Cosmique
- Capacité de mémorisation prodigieuse
- Porte de la Mémoire, Gardien des Archives de Daath (Bibliothèque Universelle)
- Maîtrise des sentiments par la raison, grande patience
- État d'âme communicatif, modestie, mentalité généreuse
- Rend capable de supporter l'adversité avec patience et acceptation
- Disponibilité à aider ceux qui en ont besoin

Distorsions

- *Problèmes d'intelligence, perte des facultés intellectuelles*
- *Perfectionniste à outrance, n'est intéressé que par le gain matériel*
- *Souvenirs inutiles, amnésie, trous de mémoire*
- *Atrocités commises dans des vies passées*
- *Chagrin, mortification, stérilité, esprit borné, méfiance*
- *Tristesse, morosité, désespoir, attitude plaintive*
- *Fait subir des pertes, induit l'amertume, personne compliquée*
- *Accuse et culpabilise les autres*
- *Manipule en utilisant les désirs, tente d'impressionner*
- *Absence de chaleur humaine, incapacité à exprimer des sentiments*
- *Met l'intelligence au service des forces obscures*

Physique : 22 juin au 26 juin
Émotionnel : 26 janvier, 8 avril, 22 juin, 5 septembre, 17 novembre
Intellectuel : 6 h 00 à 6 h 19
Domicile : Binah / **Spécificité** : Hésed

20 PAHALIAH

Qualités

- Délivrance
- Transcendance de la sexualité, pureté de l'intimité, fusion sexuelle divine dans le couple, fidélité
- Éveil de la kundalini, de l'énergie vitale
- Sujets concernant la spiritualité et la morale
- Connaissance du bien et du mal
- Pureté, consent à des sacrifices pour évoluer
- Rectification des erreurs commises par des désirs exaltés
- Établit des règles dans le comportement instinctuel, rigueur
- Aide à traverser les épreuves avec courage et dynamisme
- Comportement moral irréprochable, grand initié
- Rédemption, rencontre avec le Moi Supérieur
- Vie spirituelle harmonieuse

Distorsions

- *Abus de pouvoir, fanatisme, violence extrême*
- *Lutte acharnée, destin difficile, rigidité*
- *Problèmes avec la sexualité et/ou rejet de la vie sexuelle*
- *Infidélité, libertinage, liaisons passagères, débauche*
- *Abus et gaspillage sexuels, prostitution*
- *Abattement, découragement, craintes, maladie*
- *Ne croit pas en une Puissance Supérieure, transgresse les Lois Divines*
- *Recherche de possessions matérielles*
- *Religieux à la lettre, cherche à convertir*

Physique : 27 juin au 1ᵉʳ juillet
Émotionnel : 27 janvier, 9 avril, 23 juin, 6 septembre, 18 novembre
Intellectuel : 6 h 20 à 6 h 39
Domicile : Binah / **Spécificité :** Guébourah

21 NELKHAEL

Qualités

- Facilite l'apprentissage
- Amour des études, réussite des examens
- Omniscience
- Faculté d'aller du concret à l'abstrait, de la réalité à l'idée
- Don pour les sciences, la technologie et la poésie
- Compréhension de la géométrie, de l'astronomie, de l'astrologie et des mathématiques
- Inspire les savants et les philosophes
- Conscience de l'Organisation Cosmique
- Bonne concentration, faculté de comprendre les bienfaits de la récitation de mantras pour accéder à la Connaissance, recevoir des réponses et entrer en contact avec les mondes parallèles
- Anticipation
- Protège contre les calomnies, les pièges et les sortilèges
- Exorcisme par la Connaissance
- Enseignant, pédagogue par excellence

Distorsions

- *Difficultés d'apprentissage*
- *Problèmes avec les examens, tendance à stresser*
- *Veut plaire aux autres*
- *Recherche le succès à tout prix, études motivées par l'ambition*
- *Attitude hautaine*
- *Complexes de supériorité et d'infériorité*
- *Ignorance, apprend sans comprendre*
- *Recherche et utilise la Connaissance à des fins personnelles*
- *Rejette l'apprentissage, mentalité faible, se perd dans l'abstrait*
- *Préjugés, comportement vindicatif*
- *Constructions mentales erronées*
- *Incapable d'appliquer la Connaissance*
- *Envoûtement par manque de Connaissance*

Physique : 2 juillet au 6 juillet
Émotionnel : 28 janvier, 10 avril, 24 juin, 7 septembre, 19 novembre
Intellectuel : 6 h 40 à 6 h 59
Domicile : Binah / **Spécificité** : Tiphereth

22 YEIAYEL

Qualités

- Renommée, célébrité
- Mécénat, philanthropie
- Activités politiques, artistiques et scientifiques
- Grande générosité
- Encourage la bonté
- Commandement, leadership, diplomatie
- Fortune, prospérité, affaires, commerce, altruisme
- Permet de faire des découvertes surprenantes
- Voyages

Distorsions

- *Mégalomanie, tyrannie, esclavage*
- *Orgueil, répression*
- *Manipulation, acharnement, compétition, comportement profiteur*
- *Se sent non reconnu, désire être riche et célèbre*
- *Difficulté à se reconnaître soi-même*
- *Avidité, insatiabilité*
- *Perte de reconnaissance*
- *Sentiments contradictoires*
- *Vie déséquilibrée, immobilisme, résistance à changer, à s'améliorer, à progresser*
- *Difficultés dans le domaine des affaires, des entreprises, du commerce*

Physique : 7 juillet au 11 juillet
Émotionnel : 29 janvier, 11 avril, 25 juin, 8 septembre, 20 novembre
Intellectuel : 7 h 00 à 7 h 19
Domicile : Binah / **Spécificité :** Netzach

23 MELAHEL

Qualités

- Capacité de guérir
- Médecin, guérisseur, pharmacologue, scientifique
- Naturopathie, herboristerie, sciences naturelles
- Connaît les propriétés des plantes médicinales
- Faculté d'agir soi-même comme une plante médicinale
- Nourriture et culture saines
- Aptitude à comprendre que les aliments sains et bien combinés sont de véritables remèdes
- Connaissance de tous les cycles et étapes de la chaîne alimentaire
- Appréciation et gratitude pour l'Abondance Divine, que l'on ne prend pas pour acquise
- Pacifisme, apaisement
- Maîtrise des émotions, faculté de s'adapter à toute situation
- Foi qui anticipe la Connaissance
- Protection de l'environnement, respect de la nature
- Initié aux secrets des forces de la nature
- Capacité de comprendre les bienfaits multidimensionnels d'une nutrition végétarienne ou végétalienne saine et bien équilibrée

Distorsions

- *Maladie, malaise, mal-être*
- *Médecine sans conscience*
- *Utilise la médecine uniquement pour s'enrichir matériellement*
- *Pollution nuisible à la végétation et à l'environnement*
- *Sentiments et entreprises corrompus*
- *Difficulté à exprimer ce que l'on ressent et à improviser*
- *Agriculture et nourriture artificielles*
- *Esprit polluant et destructeur, pensées malsaines*

Physique : 12 juillet au 16 juillet
Émotionnel : 30 janvier, 12 avril, 26 juin, 9 septembre, 21 novembre
Intellectuel : 7 h 20 à 7 h 39
Domicile : Binah / **Spécificité :** Hod

24 HAHEUIAH

Qualités

- Protection
- Police, armée, avocat, juge
- Avertissement en cas de danger
- Honnêteté, incorruptibilité
- Bloque le mal, rend justice
- Protège les exilés et les immigrés
- Protège contre les voleurs et les assassins
- Protège contre les forces démoniaques
- Protège contre les animaux nuisibles
- Protège contre les sortilèges et les maléfices
- Aide à retourner au Pays d'Origine
- Sincérité, aime la Vérité
- Fin d'une période difficile
- Bonne intuition, capacité d'anticiper, de savoir à l'avance ce qui se passera
- Aide à accepter un jugement et à comprendre qu'il est en accord avec la Justice Divine
- Active le souhait de réparer les karmas qu'on a générés

Distorsions

- Problèmes relatifs à la protection
- Abus de pouvoir, police, armée et/ou système juridique affectés par la corruption
- Difficulté à obtenir justice ou à l'appliquer
- Incompréhension du sens de l'épreuve
- Instabilité, incohérence, égarement
- Sentiment de vengeance, persécution, punition
- Fuite devant les responsabilités
- Indifférence, froideur émotionnelle
- Forces démoniaques
- Vit de moyens illicites, pose des gestes illégaux
- Délinquant, criminel, récolte les fruits de la violence
- Fraude, vol, emprisonnement
- Victime de la rigidité judiciaire

Physique : 17 juillet au 22 juillet
Émotionnel : 31 janvier, 13 avril, 27 juin, 10 septembre, 22 novembre
Intellectuel : 7 h 40 à 7 h 59
Domicile : Binah / **Spécificité** : Yésod

25 NITH-HAIAH

Qualités

- Porteur de la Sagesse et de l'Amour Suprêmes
- Maîtrise des forces spirituelles
- Étude de la métaphysique et de la Kabbale
- Compréhension de la notion du temps
- Entend la musique des Hautes Sphères
- Semblable aux Anges
- Peut tout obtenir
- Découverte des mystères cachés de la Création
- Révélations reçues en songe et en rêve, facilite les visions
- Aide à trouver un lieu pour méditer
- Aime la paix, la solitude et le silence, personne calme
- Magie blanche, souhait du bien-être d'autrui
- Charisme spirituel

Distorsions

- Amour et sagesse illusoires
- Magie noire, pacte satanique
- Prêt à tout pour atteindre son but
- Faux pouvoirs spirituels
- Manipulateur spirituel qui agit avec un complexe de supériorité
- Incapacité à percevoir la magie de la vie et à accéder à ses multiples dimensions
- Renonce à Dieu, au concept d'un Créateur Universel, athéisme
- Possession, ensorcellement
- Malheur, désespoir
- Intérêt matériel, égocentrisme
- Agité, incohérent, impatient
- Va à l'encontre du Destin et des Lois Divines

Physique : 23 juillet au 27 juillet
Émotionnel : 1er février, 14 avril, 28 juin, 11 septembre, 23 novembre
Intellectuel : 8 h 00 à 8 h 19
Domicile : Hésed / **Spécificité** : Hochmah

26 HAAIAH

Qualités

- Discrétion
- Capacité de bien structurer le pouvoir et l'abondance
- Conseiller guidé par la Sagesse
- Faculté de garder et gérer les secrets d'État, les dossiers confidentiels des gouvernements, l'accès aux informations et connaissances qui doivent rester occultées
- Sens de l'organisation et de la famille
- Contemplation des Structures Divines
- Sciences politiques, harmonise la vie sociale
- Cohabitation pacifique
- Respect de l'Ordre Divin
- Capacité de s'adapter à toute situation
- Attitudes scientifiques et politiques en accord avec la Science Divine
- Leader politique et social, catalyseur, administrateur, décideur, diplomate, ambassadeur, justicier
- Permet de savoir comment se comporter lors de situations ambiguës
- Cherche la Vérité par le biais de la raison
- Créateur d'ambiances positives, constructives, moteur de l'esprit d'équipe

Distorsions

- Indiscrétion, égocentrisme, problèmes familiaux et/ou sociaux
- Difficultés en lien avec la politique, la prise de décision, l'administration, l'organisation
- Motivé par l'ambition et la convoitise, jalousie, orgueil, vanité, passion
- Fuit ses responsabilités, son plan de vie
- Désir de pouvoir et de gloire terrestres, abus d'autorité et de pouvoir, esprit de compétition, loi de la jungle
- Désordre social, anarchie, conspiration, traîtrise
- Impose son point de vue, n'écoute pas les autres
- Complexes d'infériorité et de supériorité
- Conséquences négatives d'actions désordonnées

Physique : 28 juillet au 1er août
Émotionnel : 2 février, 15 avril, 29 juin, 12 septembre, 24 novembre
Intellectuel : 8 h 20 à 8 h 39
Domicile : Hésed / **Spécificité :** Binah

27 YERATHEL

Qualités

- Confiance
- Source d'Énergie inépuisable
- Propagation de la Lumière
- Créateur d'ambiance, optimisme
- Enseignement par la parole et l'écriture, diffusion sociale
- Civilise, sociabilise
- Libère des calomniateurs et des intentions malveillantes
- Libère en cas de possession
- Aime la justice, les sciences, la littérature et les arts en général
- Libère de ceux qui s'opposent à notre développement
- Disperse la confusion, conduit à la réussite

Distorsions

- *Manque de confiance en soi et/ou d'estime de soi ; ou surconfiance et problèmes d'égo*
- *Activités superficielles*
- *Hyperactivité, manque de concentration, de focalisation et de sagesse*
- *Veut plaire à tout le monde*
- *Est prêt à tout pour avoir du succès, être reconnu et apprécié*
- *Dispersion, surexcitation*
- *Possession, esclavage*
- *Gaspillage*
- *Dépendances, habitudes perverses, fanatisme*
- *Désir compulsif de plaire, provocation*
- *Joueur compulsif*
- *Égoïsme, flatterie, emphase mise sur le paraître*
- *Loi de la jungle, méchanceté, ignorance, intolérance, calomnie*
- *Sciences et arts destructifs*

Physique : 2 août au 6 août
Émotionnel : 3 février, 16 avril, 17 avril de minuit à midi, 30 juin, 13 septembre, 25 novembre
Intellectuel : 8 h 40 à 8 h 59
Domicile : Hésed / **Spécificité** : Hésed

28 SEHEIAH

Qualités

- Prévoyance
- Longévité heureuse
- Protection contre la foudre, les chutes, les accidents, les incendies et les maladies
- Guérison miraculeuse, réhabilitation, santé
- Protection Providentielle, Assurance Céleste
- Accorde la Sagesse *via* l'examen des expériences vécues
- Pressentiment, inspiration protectrice
- Prudence, capacité de prévoir les événements
- Grand calme

Distorsions

- *Imprévoyance, imprudence, inquiétude profonde*
- *Problèmes de longévité, peur du changement et de la mort*
- *Anxiété, peur du futur*
- *Activités superficielles qui servent de compensation*
- *Est toujours inquiet et préoccupé pour les autres, manque de confiance dans le Destin et les plans de vie prévus par l'Intelligence Cosmique pour tout un chacun*
- *Incohérence*
- *Chute, accident, maladie*
- *Ruine, tumulte, turbulence*
- *Déclenche des catastrophes*
- *Action irréfléchie, écervelée, étourderie*
- *Énergie tourbillonnante*
- *Volonté excessive, caractère colérique*
- *Paralysie intérieure et extérieure*

Physique : 7 août au 12 août
Émotionnel : 4 février, 17 avril de midi à minuit, 18 avril, 1er juillet, 14 septembre, 26 novembre
Intellectuel : 9 h 00 à 9 h 19
Domicile : Hésed / **Spécificité :** Guébourah

29 REIYEL

Qualités

- Libération
- Aime les grands espaces, les hautes montagnes et la nature en général
- Conduit vers les Hauts Sommets
- Libère du mal, des sortilèges et des ensorcellements
- Non attaché au credo (n'appartient à aucun groupe religieux ni à aucune secte)
- Amélioration de la vie par la méditation et l'étude de soi
- Confiance, diffusion de la Vérité
- Citoyen libre de l'Univers, vision globale
- Science du comportement
- Recherche de la Vérité, détachement matériel
- Conception, réalisation, production
- Découvre les mystères de l'Œuvre Divine par la méditation
- Travail inspiré par le Divin et réalisé avec une conscience supérieure
- Établit un lien avec les guides spirituels

Distorsions

- *Situation limitative, impasse, manque de liberté à différents niveaux*
- *Veut à tout prix être le premier et/ou le meilleur*
- *Ambition, cupidité, manipulation*
- *Est trop aérien ou trop terre-à-terre*
- *Méfiance, fanatisme, hypocrisie*
- *Propagation d'idées fausses et dangereuses*
- *Ensorcellement, mauvaises fréquentations*
- *Sectarisme, bigoterie, lutte religieuse*
- *Endoctrinement, nationalisme*
- *Prisonnier*
- *Opposition aux réalisations altruistes*
- *Philosophie matérialiste, plaisirs mondains*

Physique : 13 août au 17 août
Émotionnel : 5 février, 19 avril, 2 juillet, 15 septembre, 27 novembre
Intellectuel : 9 h 20 à 9 h 39
Domicile : Hésed / **Spécificité :** Tiphereth

30 OMAEL

Qualités

- Multiplication
- Matérialisation, développement, expansion
- Production, réalisation, application, planification
- Patience, sens des responsabilités
- Rétablit la santé, amène la guérison, touche le corps médical
- Fécondité, naissance, touche les femmes enceintes
- Épanouissement, joie, antidépresseur vivant
- Reconstituant et tonifiant
- Patron des règnes végétal et animal
- Favorise la plantation et les récoltes
- Redécouverte de l'enfant intérieur

Distorsions

- *Succès superficiel, philosophie matérialiste*
- *Ambition, avidité, cupidité, est prêt à tout pour gagner, attitude mondaine*
- *Stérilité, insuccès, échec répétitif, pauvreté*
- *Matérialisation corrompue, manque de planification et d'organisation*
- *Impatience*
- *Vivisection (dissection sur le vivant)*
- *Euthanasie, suicide, porteur de mort*
- *Génocide, extermination, expériences monstrueuses, fureur dévastatrice*
- *Tristesse, dépression, désespoir*
- *Mauvaises récoltes*

Physique : 18 août au 22 août
Émotionnel : 6 février, 20 avril, 3 juillet, 16 septembre, 28 novembre
Intellectuel : 9 h 40 à 9 h 59
Domicile : Hésed / **Spécificité :** Netzach

31 LECABEL

Qualités

- Talent pour résoudre les énigmes de la Vie
- Amour de l'exactitude et de la précision
- Excellence, recherche de l'ordre à tous les niveaux
- Lucidité, intellect puissant, trouve des solutions pratiques
- Maîtrise des émotions par la raison
- Stratège, gestionnaire, ingénieur, architecte, agronome
- Décideur, créateur, concepteur, planificateur de l'avenir, directeur d'entreprise
- Étude des sciences exactes
- Idées lumineuses et génératrices d'abondance
- Révélation des Processus Cosmiques par l'observation de l'infiniment petit
- Respect des étapes et des cycles, planification à long terme

Distorsions

- *Manque de talent, d'inspiration, d'idées, et/ou frustration résultant du fait qu'on n'arrive pas à utiliser, à déployer pleinement ses propres talents*
- *Manipule et exploite les autres*
- *Insécurités qui poussent la personne à être obsédée par le succès*
- *Moyens illicites, affaires louches, trafic de drogue*
- *Opportuniste, malhonnête, avare*
- *Gère de manière trop analytique, perfectionniste insatisfait*
- *Laisser-aller, négligence, je-m'en-foutisme, gaspillage*
- *Mauvaise utilisation du capital et des ressources, pertes en affaires, faillite, problèmes insolubles, agit trop hâtivement*
- *Possessivité, s'attache aux résultats, essaie de forcer le Destin*
- *Joueur compulsif*

Physique : 23 août au 28 août
Émotionnel : 7 février, 21 avril, 4 juillet, 5 juillet de minuit à midi, 17 septembre, 29 novembre
Intellectuel : 10 h 00 à 10 h 19
Domicile : Hésed / **Spécificité :** Hod

32 VASARIAH

Qualités

- Clémence
- Capacité de pardonner
- Grande sagesse qui aide à réfléchir, planifier, trouver des solutions, résoudre des problèmes
- Planificateur, penseur, stratège
- Bonté, bienveillance, magnanimité
- Modestie, amabilité
- Compréhension du sens de l'épreuve
- Aide à se libérer du sentiment de culpabilité
- Noblesse, droiture, sens élevé de la justice
- Pardon naturel
- Juge, magistrat, avocat
- Don oratoire
- Écoute profonde qui permet la compassion, l'empathie
- Confère l'accès à la Mémoire Cosmique, Connaissance du bien et du mal
- Mentalité généreuse

Distorsions

- *Manque de clémence, difficulté à pardonner*
- *Sagesse déficiente, manque de bonté, difficulté ou incapacité à planifier, réfléchir, trouver des solutions, résoudre des problèmes*
- *Vengeance*
- *Injuste, ignoble, rancunier*
- *Culpabilité, accusation, condamnation*
- *Fuite face aux responsabilités, difficulté à discerner le bien du mal*
- *Résiste à évoluer, nourrit des intentions nuisibles aux autres*
- *Puritain, moraliste, influence néfaste*
- *Maladie pouvant s'aggraver*
- *Focalise sur les mauvais souvenirs*
- *Présomptueux, impoli, mal élevé*
- *Orgueilleux, matérialiste*

Physique : 29 août au 2 septembre
Émotionnel : 8 février, 22 avril, 5 juillet de midi à minuit, 6 juillet, 18 septembre, 30 novembre
Intellectuel : 10 h 20 à 10 h 39
Domicile : Hésed / **Spécificité** : Yésod

33 YEHUIAH

Qualités

- Subordination
- Autorité juste et constructive, leadership de haut niveau
- Bonne dynamique de travail avec ses supérieurs, capacité de créer un esprit d'équipe et de travailler en collaboration étroite avec des personnes importantes
- Faculté de comprendre globalement la structure d'une entreprise, d'une mission, d'une réalité, etc., de planifier des projets importants, d'assumer de grandes responsabilités
- Appréciation, reconnaissance et confiance de la part des supérieurs
- Inspire la confiance et la loyauté
- Aptitude à supporter de hautes tensions, des initiations puissantes
- Aide à lâcher prise, écarte les confrontations
- Fidélité à ce qui est supérieur, honnêteté
- Capacité de reconnaître la véritable Hiérarchie
- Conscience de sa place dans l'Ordre Cosmique
- Permet de démasquer les traîtres et de découvrir les machinations
- Soutient les initiatives altruistes, induit le sens du devoir
- Donne lieu à des découvertes scientifiques
- Personne de confiance
- Engagement, contrat, alliance, association philanthropique

Distorsions

- *Insubordination, problèmes avec l'autorité et la hiérarchie*
- *Rébellion, confrontation, résistance ou refus d'exécuter les ordres, agressivité*
- *Ne supporte pas la hiérarchie, écarté ou retiré des postes de commande*
- *Confronte les ordres d'En Haut*
- *Perversité, désirs multiples, manque de fermeté et de force morales pour faire ce qui est juste*
- *Marginalité, quête de l'inutile, abandon*
- *Conflit, trahison inscrite dans le code génétique, dans l'inconscient*
- *Mépris*
- *Complexes de supériorité et d'infériorité*
- *Plaisirs mondains, tendance à abuser des privilèges*
- *Manque de loyauté, trahison*
- *Problèmes d'égo*
- *Impose sa volonté et sa présence, comportement dictateur*
- *Rigidité, colère*

Physique : 3 septembre au 7 septembre
Émotionnel : 9 février, 23 avril, 7 juillet, 19 septembre, 1er décembre
Intellectuel : 10 h 40 à 10 h 59
Domicile : Guébourah / **Spécificité** : Hochmah

34 LEHAHIAH

Qualités

- Obéissance
- Fidèle serviteur
- Confiance et faveur des supérieurs
- Discipline, sens de l'ordre
- Loyauté, dévouement, actions altruistes
- Soumis aux Lois Divines et à l'autorité qui les représente
- Consacre sa vie au service d'un ordre établi (chef de gouvernement, ministre, président, directeur)
- Intelligence, paix, harmonie, est à l'aise même dans l'ambiguïté
- Compréhension de la Justice Divine
- Incorruptible, intègre, responsable
- Accepte la rigueur de sa destinée sans protester
- Obéissance sans forcément comprendre

Distorsions

- *Désobéissance*
- *Problèmes avec l'autorité*
- *Complexes d'infériorité et de supériorité*
- *Personne déloyale, non fiable, en qui on ne peut pas avoir confiance*
- *Lois injustes, autoritarisme, dictature*
- *Manque d'autorité, incompréhension*
- *Esprit compétitif, opposition, contredit pour avoir raison*
- *Colère dangereuse, agressivité, traîtrise, déclenche la ruine, la destruction*
- *Rigidité, frustration, conflits avec ses supérieurs*
- *Discorde, rébellion, violence, guerre*
- *Nature émotive, tendance à se révolter contre les lois*
- *Rejet, impulsivité, absence de réceptivité*

Physique : 8 septembre au 12 septembre
Émotionnel : 10 février, 24 avril, 8 juillet, 20 septembre, 21 septembre de minuit à midi, 2 décembre
Intellectuel : 11 h 00 à 11 h 19
Domicile : Guébourah / **Spécificité** : Binah

35 CHAVAKHIAH

Qualités

- Réconciliation
- Relations familiales harmonieuses
- Confiance, aide et support familiaux
- Conscience du sens sacré des liens familiaux
- Capacité de faire émerger la Sagesse ancestrale
- Rapproche les êtres, renoue les liens
- Sciences humaines et sociales
- Aime la paix, médiateur, conciliateur
- Loyauté récompensée, services appréciés
- Héritage, partage des biens, dons
- Retour au paradis perdu

Distorsions

- *Problèmes familiaux, disputes, querelles, désunion*
- *Difficultés et discorde en lien avec l'héritage*
- *Jalousie, envie, trahison*
- *Attachement excessif, malsain, possessivité, essaie de contrôler les autres*
- *Problèmes en lien avec des traditions familiales anciennes*
- *Attachement au passé, maintien de coutumes et de schémas de fonctionnement ancestraux et familiaux dépassés et injustes*
- *Mariage forcé*
- *Veut à tout prix plaire à la famille, dépendance émotionnelle et matérielle*
- *Absence de liens, égoïsme*
- *Procès injustes*
- *Offense*
- *Ruine*
- *Esprit borné, sectarisme, nationalisme, racisme*
- *Maladies héréditaires*
- *Problèmes humanitaires*
- *Désorganisation et désordre sur le plan social*

Physique : 13 septembre au 17 septembre
Émotionnel : 11 février, 25 avril, 9 juillet, 21 septembre de midi à minuit, 22 septembre, 3 décembre
Intellectuel : 11 h 20 à 11 h 39
Domicile : Guébourah / **Spécificité** : Hésed

36 MENADEL

Qualités

- Travail
- Vocation, coopération, serviabilité, altruisme
- Contremaître de l'Usine Divine
- Aide à trouver un emploi
- Procure des moyens de subsistance
- Vérité et liberté trouvées dans le travail
- Travail intérieur, facilite l'adaptation
- Libère les prisonniers et les exilés
- Compréhension du travail
- Procure la volonté pour se mettre au travail
- Récupération de son propre potentiel
- Dévouement

Distorsions

- *Problèmes reliés au travail et aux activités professionnelles*
- *Fait son travail pour être aimé*
- *Excès ou manque de travail*
- *Vit uniquement pour son travail, s'identifie principalement à son rôle et son statut social*
- *Philosophie matérialiste*
- *Esclavage*
- *Perte d'emploi, difficulté à trouver un emploi*
- *Exil, fuite, paresse, évite les responsabilités*
- *Manque d'objectifs et d'intensité, rareté des idées*
- *Personne trop affairée dans la matière*
- *Épuisement, froideur, isolement*
- *Incompréhension du sens profond du travail*
- *Essaie de forcer, de contrecarrer ou de défier le Destin, cherche la réussite à tout prix*
- *Recherche de gloire personnelle*

Physique : 18 septembre au 23 septembre
Émotionnel : 12 février, 26 avril, 10 juillet, 23 septembre, 4 décembre
Intellectuel : 11 h 40 à 11 h 59
Domicile : Guébourah / **Spécificité :** Guébourah

37 ANIEL

Qualités

- Brise les vieux schémas
- Aide à comprendre les cycles de la vie et de l'évolution
- Étude de l'histoire, des causes et des conséquences
- Compréhension de la Loi du karma, du fait qu'on attire ce qu'on est et qu'on récolte ce qu'on sème
- Changement de mentalité, nouvelles idées
- Développe une volonté d'indépendance
- Aide à purifier les mémoires négatives en lien avec la sexualité, la dépendance affective ainsi que toute autre forme de dépendance
- Maîtrise face aux impulsions intellectuelles et émotionnelles intenses
- Autonomie spirituelle
- Libère des forces et émotions négatives
- Porteur de nouvelles sciences et de nouvelles conceptions de l'Univers
- Encourage la nouveauté

Distorsions

- *Difficulté, refus ou peur de changer*
- *Tendance à vivre dans les mémoires du passé*
- *Philosophie matérialiste, mentalité trop terre-à-terre*
- *Incompréhension ou ignorance de la Loi du karma, du fait qu'on récolte ce qu'on sème*
- *Résistance face aux nouveaux courants*
- *Attachement aux structures anciennes, à ce qui est ancien*
- *Assujettissement à la matière*
- *Tourne en rond en ressassant les mêmes pensées*
- *Lutte acharnée pour maintenir le statu quo*
- *Charlatan, esprit pervers et trompeur*
- *Traditionaliste farouche*
- *Dépendances de toutes sortes*
- *Parle de ce qu'il ne connaît pas*

Physique : 24 septembre au 28 septembre
Émotionnel : 13 février, 27 avril, 11 juillet, 24 septembre, 5 décembre
Intellectuel : 12 h 00 à 12 h 19
Domicile : Guébourah / **Spécificité** : Tiphereth

38 HAAMIAH

Qualités

- Sens des rituels et des préparations
- Stratège, planificateur
- Aime faire des choses, préparer des repas, s'occuper d'autrui, etc.
- Conduit vers les plus hautes réalisations humaines
- Transpose le rituel dans le quotidien
- Science du comportement, de la conduite
- Beauté, harmonie, paix
- Savoir-vivre, politesse, convivialité
- Haut lieu de transcendance
- Exorcisme
- Dissout la violence intérieure et extérieure
- Aide à trouver le parfait complément
- Histoire d'amour extraordinaire
- Sexualité vécue divinement, dans une conscience sacrée
- Rituels, cérémonies, initiations
- Adore le Divin

Distorsions

- *Manque d'implication ou difficultés en lien avec la préparation et les rituels*
- *Facultés de stratège et de planificateur limitées, insuffisantes*
- *N'aime pas faire des choses, préparer des repas, prendre soin des autres, etc.*
- *Égoïsme, manque de considération pour les autres*
- *Impatience*
- *Manque de politesse, de gentillesse, de savoir-vivre*
- *Trop perfectionniste, fait les choses par insécurité ou par peur de manquer de ressources*
- *Suit des rituels ou s'y soumet pour plaire aux autres, pour être accepté et aimé*
- *Refuse ou craint le mariage, absence ou manque d'amour véritable*
- *Mensonge, erreur, refus de respecter les règles, comportement manipulateur*
- *Absence de spiritualité ou concepts spirituels faux, non authentiques*
- *Adorateur de monuments*
- *Cultes, rituels et cérémonies de magie noire*
- *Démon, esprit malveillant, possession, agression, violence*
- *Guidé par des intérêts matériels*

Physique : 29 septembre au 3 octobre
Émotionnel : 14 février, 28 avril, 12 juillet, 25 septembre, 6 décembre
Intellectuel : 12 h 20 à 12 h 39
Domicile : Guébourah / **Spécificité :** Netzach

39 REHAEL

Qualités

- Soumission, réceptivité
- Grande sensibilité
- Humilité, capacité à accueillir et à accepter ce qui nous est révélé par la Loi de la résonance
- Ouverture de conscience générant une compréhension profonde
- Respect de la Hiérarchie
- Capacité d'écouter les autres
- Confère la confiance des supérieurs
- Parfaite soumission à des parents et à une autorité justes
- Amour paternel
- Obéissance et respect
- Guérison des maladies mentales, des dépressions et de l'angoisse
- Régénération

Distorsions

- *Problèmes avec la soumission, tendance à être trop soumis ou à refuser de se soumettre, insubordination, rébellion*
- *Manque de réceptivité et d'ouverture*
- *Hypersensibilité ou insensibilité*
- *Difficulté à être à l'écoute des autres, est trop centré sur soi*
- *Attitude mégalomane*
- *Irrespect de la hiérarchie sur tous les plans*
- *Crime contre les parents et les enfants*
- *Projections des parents sur leurs enfants, de ce qu'ils n'ont pas réussi*
- *Violence, haine, cruauté*
- *Autoritarisme*
- *Impose l'obéissance avec une sévérité cruelle*
- *Maladies mentales*
- *Problèmes émotionnels*
- *Anxiété, angoisse, dépression, suicide*

Physique : 4 octobre au 8 octobre
Émotionnel : 15 février, 29 avril, 13 juillet, 26 septembre, 7 décembre
Intellectuel : 12 h 40 à 12 h 59
Domicile : Guébourah / **Spécificité** : Hod

40 IEIAZEL

Qualités

- Consolation, réconfort
- Appréciation, phase de renouveau
- Consolation après les efforts
- Restaure et revitalise le corps, aide à récupérer la pleine forme
- Empêche les débordements émotionnels
- Aide à maîtriser la passion et les énergies très intenses
- Libère des conditionnements affectifs et des dépendances de toutes sortes (alcool, drogue, etc.)
- Délivre les prisonniers
- Fin d'une période d'épreuves ou de situations difficiles, marque une nouvelle période plus facile
- Apporte paix, harmonie et réjouissance
- Commencement d'une nouvelle création
- Touche l'écriture, les éditeurs, l'imprimerie, les libraires, les bibliothèques, la lecture, la musique, la peinture et les arts en général

Distorsions

- *Difficulté à réconforter les autres*
- *Manque d'intimité et de renouveau*
- *Pensées pessimistes, tristesse*
- *Accumulation de problèmes, épreuves, période difficile*
- *Éclatements et débordements émotionnels*
- *Dépendances, passion, sentiments tumultueux*
- *Découragement, manque de confiance*
- *Tendance à fuir la vie sociale, réclusion*
- *Maladie pouvant entraîner la mort*
- *Écrits malheureux, tristes, pessimistes*
- *Musique et autres formes d'art destructrices*

Physique : 9 octobre au 13 octobre
Émotionnel : 16 février, 30 avril, 14 juillet, 27 septembre, 8 décembre
Intellectuel : 13 h 00 à 13 h 19
Domicile : Guébourah / **Spécificité** : Yésod

41 HAHAHEL

Qualités

- Mission
- Fidèle serviteur
- Donne inconditionnellement
- Berger des âmes, missionnaire
- Vocation en rapport avec la spiritualité
- Attise la foi
- Richesse spirituelle
- Non-attachement aux mondanités
- Agit dans l'invisible de manière impersonnelle et détachée
- Prévient des ennemis de la spiritualité
- Révèle le Créateur Universel
- Capacité de se sacrifier, grandeur d'âme
- Leadership, courage, capacité de faire de grands efforts pour aider et soutenir autrui
- Compréhension du sens et du but de la Vie
- Visionnaire, sait ce qui doit être fait et quand le faire
- Méditation active, capacité de méditer tout en étant en action
- Consacre sa vie au Divin
- Grand Sage, Guide spirituel
- Faculté de marier l'Esprit et la matière

Distorsions

- *Difficulté à trouver ou à reconnaître sa mission et à comprendre le sens et le but de l'existence*
- *Philosophie matérialiste, égoïsme, manque d'altruisme*
- *Se sent écarté, isolé, seul, nourrit des décalages à l'intérieur de soi, sentiment d'être séparé des autres*
- *Rigidité, extrémisme spirituel*
- *Fait mauvais usage de son autorité*
- *Cherche à convaincre*
- *S'identifie aux martyrs, se sent persécuté*
- *Combat ce qu'il ne peut pas être*
- *Comportement scandaleux*
- *Échoue dans ses projets*
- *Fausse vertu, basée sur l'apparence seulement*
- *Renie sa divinité*
- *Ennemi de la spiritualité*
- *Moquerie, mépris, haine*
- *Inquisition, extrémisme religieux*

Physique : 14 octobre au 18 octobre
Émotionnel : 17 février, 1er mai, 15 juillet, 28 septembre, 9 décembre
Intellectuel : 13 h 20 à 13 h 39
Domicile : Tiphereth / **Spécificité** : Hochmah

42 MIKAEL

Qualités

- Ordre politique
- Instaure sur la Terre les Lois du Ciel
- Sens de l'organisation sociale et spirituelle
- Structure le succès et l'expansion
- Planification sage et prévoyante
- Aide à comprendre l'adversité
- Connaissance du bien et du mal
- Procure la lucidité et la vision globale
- Démasque les traîtres
- Permet de découvrir les secrets, les mystères
- Autorité naturelle, obéissance, fidélité
- Président, chef, responsable, ministre, ambassadeur, consul
- Enseignant
- Sécurité et protection lors de voyages
- Protège contre les accidents
- Succès dans les relations extérieures
- Instruit et enseigne pendant la nuit
- Instaure le Pouvoir absolu de l'Esprit

Distorsions

- *Problèmes politiques et sociaux, désordre, difficultés sur le plan organisationnel*
- *Abus de pouvoir ou incapacité à décider et à être un bon dirigeant*
- *Difficulté à prévoir et à planifier avec sagesse, se perd dans les détails, dans les aspects techniques*
- *Envie, jalousie, trahison*
- *Mauvais enseignant ou leader, ne donne pas le bon exemple*
- *Complexes de supériorité et d'infériorité*
- *Système démocratique qui légalise l'expression des bas instincts*
- *Double jeu, gouvernement corrompu*
- *Profère des paroles qui ne correspondent pas à la Pensée Divine*
- *Trahison des idéaux, propagateur de fausses nouvelles*
- *Mensonge, calomnie, diffamation, conspiration, traîtrise*
- *Accidents*

Physique : 19 octobre au 23 octobre
Émotionnel : 18 février, 2 mai, 16 juillet, 29 septembre, 10 décembre
Intellectuel : 13 h 40 à 13 h 59
Domicile : Tiphereth / **Spécificité :** Binah

43 VEULIAH

Qualités

- Prospérité
- Richesse, abondance, joie, enrichit la conscience
- Abondance de sentiments nobles
- Fin stratège pour vaincre les ennemis intérieurs et extérieurs
- Compréhension du fait que l'argent est une énergie qu'on peut employer à bon ou à mauvais escient
- Aptitude à utiliser la prospérité de manière responsable, juste et altruiste
- Commerce, affaires, finances (système bancaire, comptabilité, etc.), administration, management
- Fait tout fructifier, rend service aux autres
- Autorité naturelle, confiance de la part des supérieurs
- Ouverture de conscience qui libère des motivations obscures et des habitudes vicieuses et pernicieuses
- Paix, plénitude
- Prépare le futur patronat
- Donne inconditionnellement
- Visionnaire, faculté de prévoir et de planifier en avance
- Philanthrope
- Compréhension du fait qu'on récolte ce que l'on sème

Distorsions

- *Prospérité artificielle et illusoire, philosophie matérialiste*
- *Gaspillage d'argent et d'énergie, recherche de paradis artificiels*
- *Discorde, perte de privilèges, ruine, pauvreté*
- *Insécurité profonde, inquiétude face à l'avenir*
- *Avarice, vol, richesse recherchée et obtenue par des moyens illicites*
- *Pense que l'argent peut tout acheter*
- *Égoïsme, égotisme*
- *Esprit limité, borné, aveuglé par le pouvoir personnel*
- *Complexes de supériorité et d'infériorité*
- *Abus de pouvoir, lutte existentielle*
- *Division, séparatisme, révolution, guerre, destruction*
- *Comportements et actes générateurs de karmas, de problèmes futurs*
- *Endommagement et destruction de l'environnement*
- *Manque d'amour et de sagesse*
- *Mégalomanie*

Physique : 24 octobre au 28 octobre
Émotionnel : 19 février, 3 mai, 17 juillet, 30 septembre, 11 décembre
Intellectuel : 14 h 00 à 14 h 19
Domicile : Tiphereth / **Spécificité :** Hésed

44 YELAHIAH

Qualités

- Guerrier de Lumière, Armée Céleste
- Protecteur Universel
- Guide spirituel
- Application de la Justice Divine
- Capacité de résoudre les conflits créés par un comportement juste
- Aide dans les initiations
- Talent militaire au service des justes causes
- Vie orientée vers la liquidation des dettes karmiques
- Fait remporter la victoire et installe la paix
- Capacité de s'affirmer positivement, de manière respectueuse et constructive
- Franchise, loyauté, courage, bravoure
- Succès dans les entreprises
- Sagesse acquise
- Compréhension du fonctionnement des frontières dans les mondes parallèles
- Accorde le Passeport universel
- Aide à bénéficier de la confiance des supérieurs
- Obéissance à ce qui est juste
- Grande faculté d'aider les autres

Distorsions

- *Prétend être un guerrier de Lumière, extrémisme spirituel*
- *Impose sa volonté, ses convictions, sa croyance, essaie de contrôler les autres*
- *Mission diabolique, forces démoniaques*
- *Abus de pouvoir, dictature, mégalomanie*
- *Fanatisme, terrorisme*
- *Guerre, fléau, comportement agressif, brutal, vindicatif*
- *Massacre et traitement impitoyable de prisonniers*
- *Infraction des lois, criminel, malfaiteur*
- *Emprisonnement*
- *Injustice*
- *Tendance au surmenage*

Physique : 29 octobre au 2 novembre
Émotionnel : 20 février, 4 mai, 18 juillet, 1ᵉʳ octobre, 12 décembre
Intellectuel : 14 h 20 à 14 h 39
Domicile : Tiphereth / **Spécificité :** Guébourah

45 SEALIAH

Qualités

- Motivation, pureté des intentions
- Volonté retrouvée, concentration, focalisation
- Ardeur, enthousiasme, espoir
- Ressort, réveil, moteur de l'Univers qui réveille les endormis
- Redémarre ce qui est embourbé
- Redonne l'espoir aux humiliés et aux déchus
- Confond les orgueilleux et les vaniteux
- Exalte la conscience
- Retour à l'équilibre de la force vitale
- Porteur de santé et de guérison
- Patron des quatre éléments : feu, air, eau, terre

Distorsions

- *Manque ou excès de motivation et d'enthousiasme*
- *Orgueilleux, vaniteux, excessif*
- *Hyperactivité ou manque d'énergie et d'activité*
- *Imbu, despote, difficile à vivre*
- *Déséquilibre et déchaînement des éléments naturels (tremblements de terre, inondations, sécheresses, tornades, éruptions volcaniques, etc.) et de leurs correspondants sur le plan intérieur*
- *Vie difficile, épreuves*
- *Autocontrôle et confiance en soi excessifs ou insuffisants, manque de maîtrise*
- *Exagération, tendance à vouloir forcer le Destin*

Physique : 3 novembre au 7 novembre
Émotionnel : 21 février, 5 mai, 19 juillet, 2 octobre, 13 décembre
Intellectuel : 14 h 40 à 14 h 59
Domicile : Tiphereth / **Spécificité** : Tiphereth

46 ARIEL

Qualités

- Perception révélatrice
- Facultés médiumniques, clairvoyance, clairsentience, clairaudience
- Découverte de trésors cachés
- Méditations, rêves et signes révélateurs
- Découverte des secrets de la nature
- Reconnaissance, gratitude
- Subtilité, discrétion
- Porteur d'idées nouvelles, inventeur
- Découverte de secrets philosophiques qui amènent à réorienter sa vie

Distorsions

- *Fausse perception ou difficulté à recevoir des révélations*
- *Manque de spiritualité ou illusions spirituelles créées et nourries par l'égo*
- *Médiumnité sans pureté*
- *Problèmes résultant de perceptions fausses et/ou de facultés médiumniques utilisées avec de mauvaises intentions*
- *Mentalité faible*
- *Incohérence, indécision, comportement insensé, tribulations*
- *Timidité maladive, paralysante*
- *Difficulté ou incapacité à trouver des solutions*
- *Activité inutile*

Physique : 8 novembre au 12 novembre
Émotionnel : 22 février, 6 mai, 20 juillet, 3 octobre, 14 décembre
Intellectuel : 15 h 00 à 15 h 19
Domicile : Tiphereth / **Spécificité** : Netzach

47 ASALIAH

Qualités

- Contemplation
- Glorification du Divin, expérience mystique
- Perspective globale, vision d'ensemble, point de vue élevé
- Synthétise facilement l'information
- Initié, facultés supranormales
- Pédagogue, instructeur, enseignant, professeur
- Psychologue
- Trouve la Vérité dans les petites choses du quotidien
- Révélation des Processus Cosmiques
- Génie créateur, stratège, talent de planificateur
- Intuitif, équilibré, rayonne par le discernement et l'intégrité
- Grand intérêt pour l'ésotérisme
- Faculté d'accéder aux mondes parallèles, d'entrer en contact avec leurs habitants et/ou avec des personnes décédées
- Aptitude à atteindre de hauts niveaux spirituels par la méditation et la visualisation
- Développement du pouvoir mental et de la faculté de concentration et de focalisation grâce à la récitation de mantras
- Compréhension de l'importance de vivre la fusion des deux polarités et la sexualité avec une conscience spirituelle et le sens du sacré
- Plaisirs Divins, pureté de l'intention
- Haute moralité, valeurs authentiques et véritables, respect et fidélité au sein du couple

Distorsions

- *Manque de vision globale, ou tendance à se perdre dans des structures mentales et des concepts abstraits, déconnexion de la réalité concrète*
- *Philosophie matérialiste, focalisation excessive sur les besoins primaires, problèmes d'égo*
- *Insécurités, soucis, troubles intérieurs*
- *Actions immorales et scandaleuses*
- *Vérité inversée, malhonnêteté, charlatan, faux professeur*
- *Fausses croyances, enseignement de systèmes erronés et dangereux, admiration aveugle, idolâtrie*
- *Dissèque et analyse de façon exagérée*
- *Mensonge, erreur d'appréciation, ignorance*
- *S'attribue l'incarnation de personnages illustres*
- *Abus et gaspillage sexuels*

Physique : 13 novembre au 17 novembre
Émotionnel : 23 février, 7 mai, 21 juillet, 4 octobre, 15 décembre
Intellectuel : 15 h 20 à 15 h 39
Domicile : Tiphereth / **Spécificité** : Hod

48 MIHAEL

Qualités

- Fertilité, fécondité
- Harmonie et paix conjugales
- Mariage, fidélité conjugale
- Réconciliation, fusion des polarités masculine et féminine
- Reproduction, croissance
- Aide à engendrer une grande âme
- Sexualité vécue divinement
- Destin facile dans les associations et les partenariats
- Don de clairvoyance, amélioration de la perception
- Paix intérieure et extérieure
- Aide à matérialiser les Intentions Divines
- Protection Providentielle
- Réceptivité et écoute appliquées avec Sagesse

Distorsions

- *Stérilité, difficulté à engendrer un enfant ou à concevoir un projet*
- *Discorde, désaccord entre les conjoints, jalousie, inconstance, infidélité*
- *Crainte de perdre l'autre, possessivité, asservissement, machisme*
- *Problèmes sexuels et/ou luxure, passion, recherche du plaisir des sens pour compenser l'absence de vie spirituelle*
- *Entreprises infructueuses*
- *Revendication de la place de l'autre, compétition*
- *Sentiments d'attraction et de répulsion*
- *Relations multiples, libertinage, prostitution*

Physique : 18 novembre au 22 novembre
Émotionnel : 24 février, 8 mai, 22 juillet, 5 octobre, 16 décembre
Intellectuel : 15 h 40 à 15 h 59
Domicile : Tiphereth / **Spécificité :** Yésod

49 VEHUEL

Qualités

- Élévation vers la Grandeur et la Sagesse Divines
- Pratique de la méditation, de la visualisation et de la récitation de mantras
- Faculté d'accéder aux mondes parallèles, d'entrer en contact avec leurs habitants et/ou avec des personnes décédées
- Exaltation et glorification du Divin
- Illumination
- Détachement de la matière
- Élévation par le service
- Grande âme qui consacre sa vie à des causes bénéfiques pour l'humanité
- Touche les grands personnages
- Élabore le germe de la pensée humaine
- Mentalité sensible et généreuse
- Source d'inspiration
- Altruisme, diplomatie
- Libère de l'emprise des désirs instinctifs
- Sentiments de fraternité, aide humanitaire
- Aspiration à ce qui est élevé
- Grand écrivain
- Grand dévouement aux autres

Distorsions

- *Difficulté à s'élever et à manifester la sagesse*
- *Complexes d'infériorité et de supériorité*
- *Extrémisme spirituel ou manque de spiritualité*
- *Ne médite pas*
- *Athéisme*
- *Abaissement, asservissement aux désirs matériels*
- *Égoïsme, hypocrisie, absence de principes*
- *S'oppose aux sentiments de fraternité*
- *Écrivain critique, personne qui a une influence négative*
- *Passion, haine*
- *Fuite*
- *Peur de la matière*

Physique : 23 novembre au 27 novembre
Émotionnel : 25 février, 9 mai, 23 juillet, 6 octobre, 17 décembre
Intellectuel : 16 h 00 à 16 h 19
Domicile : Netzach / **Spécificité** : Hochmah

50 DANIEL

Qualités

- Éloquence, don oratoire
- Grande faculté de communiquer et d'inspirer les autres
- Leadership, aptitude à annoncer et à expliquer des décisions importantes
- Structuration efficace, bien réfléchie et réalisée avec amabilité et gentillesse
- Faculté d'exprimer les choses de façon belle et agréable, de parler avec art pour ne blesser personne
- Discours qui atténue la rigueur d'une vérité
- Bonté, beauté, harmonie
- Aide à voir clair
- Permet de percevoir les événements tels qu'ils sont et de prendre les décisions les plus appropriées
- Favorise le détachement de la matière afin de percevoir la Vérité dans son essence
- Capacité de matérialiser les pensées à travers les actes
- Discours, chant, musique et les arts en général

Distorsions

- *Problèmes en rapport avec la communication*
- *Éloquence orientée vers l'obtention de bénéfices personnels*
- *Enjôleur, trompeur*
- *Parle bien pour embobiner les crédules, les naïfs*
- *Difficultés d'élocution*
- *Dégénérescence du langage*
- *Égoïsme et problèmes d'égo*
- *Affaires louches, manigance, moyens illicites*
- *Manipule pour s'assurer l'appui de personnes influentes*
- *Discours, musique et arts négatifs*
- *Se cache derrière des masques et/ou emploie différents masques pour atteindre ses buts*

Physique : 28 novembre au 2 décembre
Émotionnel : 26 février, 10 mai, 24 juillet, 7 octobre, 18 décembre
Intellectuel : 16 h 20 à 16 h 39
Domicile : Netzach / **Spécificité :** Binah

51 HAHASIAH

Qualités

- Médecine universelle
- Relié à toutes les professions médicales (médecine, soins infirmiers, ensemble des thérapies, neurobiologie, neurotechnologie, etc.)
- Capacité de compréhension globale et multidimensionnelle
- Permet de déceler et d'identifier la cause des maux
- Grand guérisseur, porteur de remèdes universels, conduit vers la guérison véritable, qui touche tous les plans
- Bonté infinie, service inconditionnel
- Accorde la pierre philosophale
- Patron de la Haute Science
- Donne accès à la Vérité qui permet de comprendre la dynamique de l'Univers
- Expert en connaissances ésotériques (Kabbale, alchimie, métaphysique, etc.)
- Véritable mage, âme élevée

Distorsions

- *Médecine qui se limite à traiter les symptômes et les douleurs physiques, sans chercher à découvrir et à comprendre les causes profondes des maladies ; ou charlatans et pseudo-thérapeutes qui profitent de la naïveté et de l'ignorance des gens*
- *Enjôleur, trompeur, manipulateur abusant de la bonne foi des autres*
- *Manque de connaissance et de conscience spirituelles dans le milieu des professions médicales*
- *Utilise la médecine uniquement pour s'enrichir matériellement, recherche de pouvoir, ambition*
- *Victime d'escroquerie*
- *Illusion*
- *Science sans conscience*

Physique : 3 décembre au 7 décembre
Émotionnel : 27 février, 11 mai, 25 juillet, 26 juillet de minuit à midi, 8 octobre, 19 décembre
Intellectuel : 16 h 40 à 16 h 59
Domicile : Netzach / **Spécificité** : Hésed

52 IMAMIAH

Qualités

- Facilité à reconnaître ses erreurs
- Aide à expier, payer et réparer ses erreurs (ses karmas)
- Exécution aisée des travaux difficiles
- Courage, ardeur, grande vigueur et force émotionnelle
- Grande capacité de prendre soin d'autrui, de consoler, d'aider et de soutenir les autres dans des situations difficiles
- Charisme, leadership
- Vie sociale harmonieuse
- Fait la paix avec ses ennemis
- Libère des prisons intérieures
- Fidèle serviteur
- Humilité, simplicité, patience

Distorsions

- *Refus de reconnaître ses erreurs, ou tendance à se diminuer ou à diminuer autrui*
- *Vie affective instable et tumultueuse*
- *Compétition amoureuse*
- *Relation passionnée, désirs pervers*
- *Aversion, bagarre, querelle, grossièreté*
- *Excès d'émotivité, volonté excessive*
- *Tendance à critiquer, colère, jalousie*
- *Vérité cachée, dissimulation, double langage, personnalité à deux faces, hypocrisie*
- *Méchanceté due à la non-reconnaissance de ses erreurs, de ses offenses et de ses méfaits*
- *Aggrave son karma, destin difficile*
- *Esprit conflictuel et rebelle*
- *Orgueil, blasphème, rivalité, animosité*

Physique : 8 décembre au 12 décembre
Émotionnel : 28 février et 29 février, 12 mai, 26 juillet de midi à minuit, 27 juillet, 9 octobre, 20 décembre
Intellectuel : 17 h 00 à 17 h 19
Domicile : Netzach / **Spécificité** : Guébourah

53 NANAEL

Qualités

- Communication spirituelle
- Inspire à la méditation
- Connaissance des sciences abstraites et de la philosophie
- S'intéresse à la vie spirituelle et à l'enseignement
- Fasciné par la contemplation des Mondes Supérieurs
- Mysticisme
- Aime la solitude et les états méditatifs
- Facilite la communication avec le Divin

Distorsions

- *Communication spirituelle négative, extrémisme spirituel, essaie de persuader et d'imposer ses croyances aux autres*
- *Non-respect du rythme d'évolution d'autrui*
- *Veut convaincre et sauver tout le monde*
- *Difficulté à méditer*
- *Personne abstraite, tendance à fuir la réalité concrète, comportement autistique*
- *Rejette la connaissance et la communication spirituelles*
- *Ignorance*
- *Se trompe souvent*
- *Apprend difficilement*
- *Peut entrer dans les ordres par peur d'affronter la vie*
- *Difficulté à réaliser ses objectifs et à communiquer*
- *Peur face aux tâches quotidiennes*
- *Sentiment d'échec*
- *Enseigne la spiritualité sans avoir acquis la Connaissance*
- *Recherche de pouvoir spirituel*
- *Humeur mélancolique, isolement*
- *Célibat égoïste*
- *Difficulté à vivre en couple*

Physique : 13 décembre au 16 décembre
Émotionnel : 1er mars, 13 mai, 28 juillet, 10 octobre, 21 décembre
Intellectuel : 17 h 20 à 17 h 39
Domicile : Netzach / **Spécificité** : Tiphereth

54 NITHAEL

Qualités

- Éternelle jeunesse
- Beauté, grâce, raffinement
- Synchronicité, stabilité
- Hospitalité, accueil chaleureux
- Talents artistiques et esthétiques
- Célébrité, prestige
- Candeur de l'enfant, fraîcheur
- Guérison
- Légitimité successorale, héritage

Distorsions

- *Peur de vieillir*
- *Utilise la séduction pour atteindre ses objectifs*
- *Axé sur la beauté extérieure et sur le paraître*
- *Complexes d'infériorité et de supériorité*
- *Luxure, ambition, admiration aveugle, idolâtrie*
- *Veut plaire à tout le monde*
- *Dépendance affective*
- *Possessivité*
- *Illégitimité*
- *Renversement, conspiration permanente*
- *Attitude qui ne correspond pas aux paroles*
- *Maladie, accident, ruine*
- *Situation instable*
- *Prend pour acquis*
- *Boulimie, anorexie*

Physique : 17 décembre au 21 décembre
Émotionnel : 2 mars, 14 mai, 29 juillet, 11 octobre, 22 décembre
Intellectuel : 17 h 40 à 17 h 59
Domicile : Netzach / **Spécificité** : Netzach

55 MEBAHIAH

Qualités

- Lucidité intellectuelle
- Idées claires qui permettent la bonté et la bienveillance
- Compréhension par les sens
- Ajuste et réglemente les désirs
- Harmonisation du comportement
- Sens du devoir et des responsabilités
- Ouvre le cœur avec discernement
- Consolation qui naît de la compréhension
- Communique le mystère de la Morale à l'intellect
- Expérience spirituelle profonde et mystique
- Exemple de Morale, conduite exemplaire, engagement
- Aptitude à rectifier sur le plan collectif

Distorsions

- *Logique excessive, esprit d'analyse desséchant*
- *Manque de lucidité, opacité mentale*
- *Mensonge*
- *Perfectionniste insatisfait*
- *Complexes de supériorité et d'infériorité*
- *Difficulté à exprimer ses émotions, reniement, négation de tout élan sentimental*
- *Détruit la spiritualité*
- *Agit contre les principes de la Morale*
- *Ne s'intéresse qu'aux choses matérielles*
- *Échec*
- *Méfiance, opposition, combat les pensées positives*
- *Personne capricieuse, égoïste, focalisée de manière excessive sur son apparence et la beauté extérieure, et entretenant une harmonie de façade*
- *Manque de gentillesse et d'amour dû à un esprit trop rationnel et à de faux concepts*

Physique : 22 décembre au 26 décembre
Émotionnel : 3 mars, 15 mai, 30 juillet, 12 octobre, 23 décembre
Intellectuel : 18 h 00 à 18 h 19
Domicile : Netzach / **Spécificité** : Hod

56 POYEL

Qualités

- Fortune, soutien
- Modestie, simplicité, altruisme
- Apporte les cadeaux de la Providence
- Fortune sur tous les plans
- Créateur d'idées et d'ambiances positives
- Talents, renommée et célébrité vécus avec humilité
- Santé
- Estimé de tous
- Facilité d'élocution, s'exprime clairement et simplement
- Humeur agréable
- Espoir, optimisme
- Humour

Distorsions

- Pauvreté, problèmes relatifs à l'abondance, manque de ressources, de soutien et/ou de modestie, de simplicité et d'altruisme
- Mauvaise utilisation des ressources, exagération, gaspillage, plaisirs mondains
- Philosophie et mode de vie matérialistes
- Orgueil, ambition, veut s'élever au-dessus des autres
- Vantardise, étalage de la richesse matérielle
- Complexes d'infériorité et de supériorité
- Critique, polémique, mépris, abaisse les autres, inhibition, médiocrité
- Absence de bonheur, personne malheureuse, mauvaise humeur
- Maladie
- Problèmes d'élocution
- Blagues derrière lesquelles se cachent des besoins et des jugements
- Fausse joie, rire et sourire non authentiques

Physique : 27 décembre au 31 décembre
Émotionnel : 4 mars, 16 mai, 31 juillet, 13 octobre, 24 décembre
Intellectuel : 18 h 20 à 18 h 39
Domicile : Netzach / **Spécificité** : Yésod

57 NEMAMIAH

Qualités

- Discernement
- Capacité de comprendre par la simple observation
- Mental privilégié, pouvoir d'anticipation, prévoyance
- Dévoile la cause des problèmes
- Génie en stratégie, force de décision
- Procure le sens de l'action
- Dévouement aux grandes causes par ses idées
- Renonce aux privilèges matériels pour se vouer à sa mission
- Grandeur d'âme, noblesse d'esprit
- Non-attachement
- Sentiment de liberté
- Libère les prisonniers
- Faculté de comprendre son plan de vie et celui des autres

Distorsions

- *Manque de discernement, de compréhension profonde et de vision globale, tendance à se perdre dans les détails*
- *Mentalité sombre et sans principes*
- *Vie embrouillée et obscure*
- *Problèmes relationnels, désaccord, discorde*
- *Difficultés de communication, ne s'ouvre pas facilement à l'autre*
- *Manque de liberté d'expression et de liberté en général*
- *Trahison, lâcheté*
- *Indécis, irrésolu*
- *Naïveté, tendance à croire n'importe qui et n'importe quoi*
- *Reste endormi dans la routine*
- *Ne s'engage pas, ne s'implique pas dans l'action*
- *Prisonnier dans la psyché*
- *Fuit l'expérimentation et le concret*
- *Maladie et fatigue chroniques*

Physique : 1ᵉʳ janvier au 5 janvier
Émotionnel : 5 mars, 17 mai, 1ᵉʳ août, 14 octobre, 25 décembre
Intellectuel : 18 h 40 à 18 h 59
Domicile : Hod / **Spécificité** : Hochmah

58 YEIALEL

Qualités

- Force mentale, haut niveau d'intelligence
- Grande logique, aptitude à discipliner ses pensées
- Aptitude à discerner avec rigueur
- Développe les facultés mentales
- Favorise les prises de conscience, la lucidité, la clairvoyance
- Faculté de concentration, recherche de précision, compétence, patience
- Force bénéfique à l'utilisation des ordinateurs et à la programmation
- Neurotechnologie
- Maîtrise les passions et les impulsions émotives
- Franchise, bravoure
- Sens de la justice et de l'ordre, rigueur, loyauté inconditionnelle
- Compréhension des Lois et des Structures Divines

Distorsions

- *Essaie de contrôler, pense de manière excessive, obsessions, focalisation exagérée sur les soucis*
- *Problèmes en lien avec l'amour et les émotions en général*
- *Manque d'intelligence, difficulté à se concentrer, à focaliser son attention, son énergie, son intention ; ou utilisation abusive de l'intelligence et des facultés intellectuelles*
- *Se perd dans les mondes virtuels (jeux vidéo, Internet, réseaux sociaux, etc.)*
- *Mauvaise utilisation de la neurotechnologie*
- *Perfectionnisme à outrance*
- *Impose ses idées par la ruse, la manipulation*
- *Mauvaises intentions, mensonge, trahison*
- *Colère, vengeance*
- *Abus de pouvoir, crimes*
- *Obstination, entêtement, illogisme*
- *Rigidité, sévérité*
- *Morosité, tristesse, pessimisme*
- *Ne croit pas en Dieu, en une Force Supérieure, athéisme*
- *Mégalomanie*
- *Vie abstraite*
- *Personne excessivement rationnelle et logique, qui croit uniquement ce qui peut être prouvé concrètement*
- *Décalages entre l'intellect, les émotions et les aspects physiques*

Physique : 6 janvier au 10 janvier
Émotionnel : 6 mars, 18 mai, 2 août, 15 octobre, 26 décembre
Intellectuel : 19 h 00 à 19 h 19
Domicile : Hod / **Spécificité :** Binah

59 HARAHEL

Qualités

- Richesse intellectuelle, accès à la Connaissance
- Capacité de matérialiser par le biais de la technologie et de programmations avancées
- Diffuse la Bonté, la Beauté et la Vérité
- Intelligence équilibrée dans tous les domaines
- Aime s'instruire, apprend avec facilité
- Créativité intellectuelle, intelligence pratique
- Fécondité, productivité sur tous les plans
- Enfants soumis et respectueux envers leurs parents
- Capacité de faire fortune grâce à ses qualités intellectuelles
- Écriture, journalisme, édition et imprimerie

Distorsions

- *Manque de connaissances, d'idées ou d'intelligence*
- *Passe trop de temps devant les ordinateurs, vit à travers les mondes virtuels, n'est pas suffisamment ancré dans la vie terrestre, manque d'actions concrètes, d'exercice physique et de contact avec la réalité physique*
- *Aberrations intellectuelles*
- *Écrits destructeurs, diffusion et influence négatives pour l'humanité*
- *Opacité mentale, incompréhension*
- *Stérilité, improductivité sur tous les plans*
- *Enfants rebelles et irrespectueux*
- *Incendie, brûle tout sur son passage*
- *Ennemi de la Lumière*
- *Projets voués à l'échec*
- *Manipulation médiatique à des fins personnelles*
- *Fraude*

Physique : 11 janvier au 15 janvier
Émotionnel : 7 mars, 19 mai, 20 mai de minuit à midi, 3 août, 16 octobre, 27 décembre de minuit à 18 h
Intellectuel : 19 h 20 à 19 h 39
Domicile : Hod / **Spécificité** : Hésed

60 MITZRAEL

Qualités

- Réparation
- Compréhension de l'obéissance et de l'autorité
- Rectification
- Facilite l'exercice de la psychologie et de la psychiatrie
- Grand talent en neurobiologie, neurotechnologie et dans le domaine de la technologie en général
- Guérison des maladies mentales
- Réparation par la conscientisation
- Travail et harmonisation intellectuels
- Réunification des plans physique, émotionnel, mental et spirituel
- Simplicité

Distorsions

- *Difficulté à accepter ses erreurs et à réparer, reconstruire sa vie ; tendance à abandonner, à baisser les bras*
- *Peur du changement, non-acceptation des karmas qu'on a générés, refus d'évoluer*
- *Fragilité causée par des décalages*
- *Problèmes avec l'autorité, avec le père ou la personne qui tient le rôle de père, ou avec son supérieur, son chef*
- *Insubordination, désobéissance*
- *Vindicatif, critiqueur, compliqué*
- *Manque d'aide, d'entraide et de coopération, mentalité du chacun-pour-soi*
- *Révolte, rébellion, persécution*
- *Maladies mentales (paranoïa, folie, schizophrénie, etc.)*
- *Fatigue chronique, migraine*
- *Médecine sans conscience*

Physique : 16 janvier au 20 janvier
Émotionnel : 8 mars, 20 mai de midi à minuit, 21 mai, 4 août, 17 octobre, 27 décembre de 18 h à minuit
Intellectuel : 19 h 40 à 19 h 59
Domicile : Hod / **Spécificité :** Guébourah

61 UMABEL

Qualités

- Amitié, affinité
- Étude et compréhension des résonances
- Aptitude pour la technologie et la neurotechnologie
- Aide à pénétrer le subconscient et l'inconscient pour connaître les vraies motivations
- Physique, astronomie, astrologie
- Fait comprendre les analogies entre l'Univers et le monde terrestre et entre tous les plans de la Création
- Capacité de se mettre au diapason, d'entrer temporairement en résonance avec un sujet, un programme pour le comprendre en profondeur
- Dévoile les secrets des règnes minéral, végétal et animal
- Aide à développer la conscience
- Faculté' d'enseigner ce qu'on a appris
- Instructeur, enseignant, professeur
- Permet de connaître l'inconnu à travers le connu

Distorsions

- *Problèmes en lien avec l'amitié et les affinités*
- *Craint la solitude, a peur d'être seul*
- *Veut plaire aux autres*
- *Recherche d'appréciation et de renommée*
- *Incompréhension de la Loi de la résonance et du principe d'attraction/répulsion*
- *Libertinage*
- *Cœur solitaire, difficulté à se faire des amis, isolement, auto-aliénation*
- *Problèmes avec la mère*
- *Retour au passé, nostalgie, attachement à des concepts dépassés, révolus*
- *Problèmes en lien avec la technologie et la neurotechnologie*
- *Narcissisme*
- *Marginalité, agit contre l'ordre naturel*
- *Problèmes de drogue*
- *Ignorance des analogies entre les différents plans de la Création*
- *Science sans conscience*
- *Difficulté à transmettre ce que l'on a appris*
- *Faux ou mauvais enseignant, instructeur, professeur*

Physique : 21 janvier au 25 janvier
Émotionnel : 9 mars, 22 mai, 5 août, 18 octobre, 28 décembre
Intellectuel : 20 h 00 à 20 h 19
Domicile : Hod / **Spécificité :** Tiphereth

62 IAHHEL

Qualités

- Connaissance retrouvée
- Philosophe, mystique
- Illumination
- Procure la Sagesse et le sens des responsabilités
- Bénéfique aux retraites, facilite l'intériorisation, l'introspection positive, constructive, fructueuse
- Solitude, tranquillité
- Modestie, douceur
- Favorise la rencontre de l'homme et de la femme
- Sexualité vécue divinement, plaisirs purs
- Paiement des dettes karmiques
- Pacifisme
- Affine les sens jusqu'aux plus subtils (clairvoyance, clairsentience, clairaudience)
- Créateur d'ambiances positives, harmonieuses
- Aime la qualité, la beauté, la poésie
- Art culinaire

Distorsions

- *Problèmes dus à un manque de Connaissance, ou tendance à s'approprier la Connaissance*
- *Escroc, imposteur, faux savant*
- *Besoin de plaisir, scandales, luxe, vanité*
- *Personne matérialiste, ambitieuse*
- *Problèmes de couple, difficultés dans la relation intime, séparation, divorce*
- *Manque de modestie, de gentillesse, de douceur*
- *Besoin de l'approbation des autres*
- *Jalousie, envie*
- *Créateur de conflits, agressivité*
- *Inconstance, agitation, incapacité de rester seul et tranquille*
- *Isolement*

Physique : 26 janvier au 30 janvier
Émotionnel : 10 mars, 23 mai, 6 août, 19 octobre, 29 décembre
Intellectuel : 20 h 20 à 20 h 39
Domicile : Hod / **Spécificité** : Netzach

63 ANAUEL

Qualités

- Perception de l'Unité
- Succès dans les relations humaines, facilité à communiquer
- Intelligence pratique, logique, vision globale
- Initiateur de projets et d'entreprises voués au service du Divin
- Compréhension juste du concept de l'argent et des échanges
- Aptitude à matérialiser de manière juste, équitable et en respectant les étapes
- Sens de l'organisation et de l'altruisme
- Faculté de générer une grande abondance avec de nouveaux concepts, de nouvelles idées et technologies
- Administrateur, coordonnateur, planificateur, visionnaire
- Commerçant, banquier, agent d'affaires, industriel, entrepreneur au service du Divin
- Expert dans la compréhension des mentalités et cultures
- Maîtrise des émotions
- Grand leader, inspirateur
- Citoyen de l'Univers

Distorsions

- *Se perd dans les détails, accorde trop d'importance à l'argent, égoïsme*
- *Incapacité de créer l'unité dans un groupe*
- *Difficulté à générer l'abondance, à échanger avec les autres, à réussir en affaires*
- *Problèmes avec les nouveaux concepts, les nouvelles idées et technologies*
- *Manque de connaissances et de respect à l'égard des autres mentalités et cultures*
- *Complexe de supériorité sur le plan intellectuel, croit tout savoir, esprit arrogant*
- *Difficulté à guider et à inspirer les autres*
- *Limitations au niveau des voyages, incapacité à obtenir le Passeport universel et l'accès aux mondes parallèles*
- *Absence de sagesse dans les affaires*
- *Manque de bon sens, de vision et de compréhension globales*
- *Corruption*
- *Prêt à tout pour faire de l'argent*
- *Faux raisonnement, manipulé par les désirs*
- *Excès de prodigalité (dépense plus qu'il ne possède), gaspillage, ruine*
- *Esprit limité, trop critique, excessivement rationnel*
- *Froide appréciation*
- *Difficulté ou refus de croire en une Puissance Supérieure, athéisme*

Physique : 31 janvier au 4 février
Émotionnel : 11 mars, 24 mai, 7 août, 20 octobre, 30 décembre
Intellectuel : 20 h 40 à 20 h 59
Domicile : Hod / **Spécificité** : Hod

64 MEHIEL

Qualités

- Vivification, inspiration
- Vie intense, féconde et productive
- Intelligence, imagination, réceptivité et compréhension profonde
- Aide à trouver des solutions pratiques et innovatrices
- Développe les facultés mentales en harmonie avec l'imagination
- Force bénéfique à l'activité intellectuelle, aux ordinateurs et à la programmation
- Aide à comprendre la corrélation entre la science des rêves et la technologie
- Touche l'écriture, l'édition, l'imprimerie, les maisons de diffusion, les librairies et les orateurs, ainsi que les émissions de télévision et de radio
- Favorise le développement technologique
- Aide à réfléchir sur l'expérience personnelle et à la comprendre
- Antidote contre les forces de l'abîme

Distorsions

- *Manque d'énergie, incapacité de penser ou d'entreprendre, faire quelque chose; ou hyperactivité, surexcitation, souhait de plaire et d'être apprécié, reconnu*
- *Vie stérile, improductive, difficulté à créer et/ou à réaliser des projets*
- *Manque d'intensité et d'inspiration, problèmes au niveau de la créativité et de l'imagination*
- *Excès ou absence de buts, d'objectifs, d'aspirations*
- *Contradiction, critique, polémique*
- *Déformation de la réalité et complaisance dans l'illusion*
- *Tyrannie, mégalomanie, oppression, fausseté*
- *Comportement destructif, essaie de forcer le Destin*
- *Ne comprend pas la mise en scène de sa vie*
- *Excès de rationalité*
- *Joue un rôle, manque d'authenticité*
- *Problèmes de personnalité*

Physique : 5 février au 9 février
Émotionnel : 12 mars, 25 mai, 8 août, 21 octobre, 31 décembre
Intellectuel : 21 h 00 à 21 h 19
Domicile : Hod / **Spécificité** : Yésod

65 DAMABIAH

Qualités

- Fontaine de Sagesse
- Pureté, douceur, bonté
- Rayonne les grandes valeurs spirituelles telles que l'altruisme, le dévouement, la générosité, le non-attachement, l'amour inconditionnel
- Fait avancer par la voie facile
- Réussite dans les entreprises utiles à la communauté
- Relié à l'eau (sources, cours d'eau, mers, etc.), aux émotions et sentiments
- Personne providentielle qui est capable de résoudre des situations compromises

Distorsions

- *Manque de sagesse, de pureté, de bonté, de gentillesse, de dévotion, de générosité, d'altruisme*
- *Personne égoïste, centrée sur elle-même*
- *Échec dans les affaires dû à un manque d'amour et de respect pour la communauté*
- *Choisit la voie difficile pour faire les choses*
- *N'est pas en mesure de résoudre des problèmes*
- *Comportements excessifs, compulsifs*
- *Émotions tumultueuses, sentiments instables, ou puritanisme*
- *Colère, agressivité*
- *Tempête, naufrage*
- *Fatalisme*

Physique : 10 février au 14 février
Émotionnel : 1er janvier, 13 mars, 26 mai, 9 août, 22 octobre
Intellectuel : 21 h 20 à 21 h 39
Domicile : Yésod / **Spécificité** : Hochmah

66 MANAKEL

Qualités

- Connaissance du bien et du mal
- Transcendance des peurs
- Stabilité, confiance
- Aide à la création d'une belle vie
- Haute moralité
- Apaise l'être, guérit les maladies
- Amabilité, bonté, bienveillance
- Libère le potentiel enfoui dans les profondeurs
- Neurotechnologie
- Rêves, songes, Haute Initiation
- Réunification des qualités du corps et de l'esprit

Distorsions

- *Joue avec les forces négatives, ne comprend pas que le mal attire le mal*
- *Réceptivité aux forces obscures*
- *Instabilité, manque de foi et de confiance, tendances suicidaires*
- *Potentiel piégé dans des mémoires négatives*
- *Vieille âme qui ne veut pas changer, paresse*
- *Sentiments de supériorité et d'infériorité*
- *Attitudes mégalomanes*
- *Manipulateur dangereux et machiavélique, est prêt à tout pour arriver à ses fins, absence de principes et de valeurs altruistes*
- *Perturbations physiques et morales*
- *Recherche des jouissances uniquement matérielles et du prestige social*
- *Pour une femme : manifestation tardive de sa personnalité*
- *Pour un homme : rencontre tardive avec la femme*
- *Amitiés dangereuses*
- *Esprit destructeur, impulsivité*
- *Ne tient pas ses promesses*
- *Refus d'appliquer la Connaissance*
- *Usage abusif, mauvais et malveillant de la technologie*
- *Colère envers Dieu, révolte*

Physique : 15 février au 19 février
Émotionnel : 2 janvier, 14 mars, 27 mai, 10 août, 23 octobre
Intellectuel : 21 h 40 à 21 h 59
Domicile : Yésod / **Spécificité :** Binah

67 EYAEL

Qualités

- Sublimation
- Science des mélanges et des échanges
- Transsubstantiation (changement d'une substance en une autre), transformation, mutation, métamorphose, transfiguration, transfert
- Aptitude à comprendre l'Histoire Universelle, à déceler l'origine et la genèse
- Archéologie
- Faculté d'observer, de reconnaître et de comprendre les affinités
- Compréhension de la Loi de la résonance, du fait qu'on attire et crée ce que l'on est
- Connaissances supérieures en chimie, physique, biologie, biotechnologie, neurotechnologie, etc.
- Étude de l'ADN, des cellules, des atomes, des structures fondamentales
- Étude des Hautes Sciences
- Vérité abstraite transformée en vérité concrète
- Art culinaire, peinture, musique
- Joie
- Amour de la solitude

Distorsions

- *Transformations et mutations négatives, nuisibles*
- *Manipulations qui génèrent de mauvaises expériences*
- *Excès ou manque au niveau des échanges*
- *Peur des changements*
- *Erreurs, préjugés*
- *Propage des systèmes erronés, faux professeur*
- *Tendance à tout mélanger, à créer de la confusion*
- *Problèmes résultant d'un manque de connaissances en chimie, alchimie, biologie, biotechnologie, etc.*
- *Utilisation abusive de la science*
- *Manque d'éclairage, de morale et de principes*
- *Passe d'une expérience à l'autre sans comprendre*
- *Lourdeur, absorbé par la matière, ne médite pas*
- *Nourriture artificielle, peinture et musique qui exercent une influence négative*
- *Absence de joie, tristesse, inquiétude*
- *Isolement*

Physique : 20 février au 24 février
Émotionnel : 3 janvier, 15 mars, 28 mai, 11 août, 24 octobre
Intellectuel : 22 h 00 à 22 h 19
Domicile : Yésod / **Spécificité** : Hésed

68 HABUHIAH

Qualités

- Guérison
- Touche l'ensemble des professions du domaine de la médecine et de la thérapie, y compris les soins et les traitements de guérison énergétiques, métaphysiques et spirituels
- Capacité de restructurer et de réglementer les désirs
- Aide à s'ajuster aux Normes Divines
- Rééquilibre les déphasages et les décalages
- Aptitude à se réharmoniser lorsqu'on n'est plus dans la synchronicité
- Aime la nature, la vie à la campagne et les espaces libres
- Agriculture, récolte, expertise agricole
- Nature fertile, pouvoir créateur

Distorsions

- *Difficulté à comprendre la maladie et la guérison due à un manque de sagesse, de connaissances, et à l'incompréhension des causes métaphysiques, originelles*
- *Faux guérisseur, charlatan*
- *Personne perdue dans une multitude de besoins et désirs*
- *Décalage, déphasage, manque de synchronicité, difficulté à être au bon endroit au bon moment*
- *Double vie, décalage entre les pensées et les émotions*
- *Déphasage entre d'une part ce que l'on souhaite être et faire, et d'autre part ce que l'on est et ce que l'on fait*
- *Pour les femmes : tendance dominatrice*
- *Pour les hommes : tendance à se laisser dominer par les femmes*
- *Réticence à abandonner les vieux privilèges*
- *Attitude anti-vie*
- *Terre infertile, famine, misère, pollution, invasion d'insectes*
- *Maladies contagieuses, épidémies*

Physique : 25 février au 29 février
Émotionnel : 4 janvier, 16 mars, 29 mai, 12 août, 25 octobre
Intellectuel : 22 h 20 à 22 h 39
Domicile : Yésod / **Spécificité** : Guébourah

69 ROCHEL

Qualités

- Restitution, accorde à chacun ce qui lui revient
- Retrouve les objets, les sentiments et les pensées perdus ou volés
- Succession, héritage
- Notaire, magistrat
- Intuition
- Étude des Lois et de la Justice
- Étude de l'Histoire
- Archives et Bibliothèque Universelles (Daath)
- Sciences pratiques et théoriques
- Faculté de donner et recevoir avec aisance et facilité
- Administration, comptabilité, secrétariat
- Retrouve le Moi Divin, l'Androgynie Originelle
- Nettoie et transforme les karmas

Distorsions

- S'approprie ce qui ne lui appartient pas
- Jalousie, possessivité, égoïsme
- Relations de couple basées exclusivement sur la sexualité et sur la matière
- Abus sexuels, libertinage et relations multiples
- Problèmes familiaux
- Difficultés en lien avec la succession, l'héritage et le travail des notaires, des magistrats
- Problèmes relatifs à l'administration, la gestion des ressources, la comptabilité et le secrétariat
- Esprit trop pragmatique, trop focalisé sur l'aspect pratique
- Problèmes avec le donner et le recevoir
- Usurpation de biens, vol, ruse
- Peur existentielle, insécurité
- Vampirise, prend l'énergie des autres
- Manipulation des faits historiques
- Mégalomanie
- Problèmes juridiques, injustice flagrante, procès qui n'en finissent plus
- Ruine
- Manque de réceptivité ou d'émissivité

Physique : 1er mars au 5 mars
Émotionnel : 5 janvier, 17 mars, 30 mai, 13 août, 26 octobre
Intellectuel : 22 h 40 à 22 h 59
Domicile : Yésod / **Spécificité** : Tiphereth

70 JABAMIAH

Qualités

- Alchimie
- Transforme le mal en bien
- Compréhension et application de la Loi de la résonance
- Grande réceptivité et faculté d'aimer dans toutes les circonstances
- Guérison
- Régénère, revivifie, rétablit l'harmonie
- Transforme, transmute en or spirituel
- Transforme la société avec des idées lumineuses
- Maîtrise les instincts
- Guide les premiers pas des défunts dans l'autre monde
- Aide à l'accompagnement des mourants
- Capacité de visiter les mondes parallèles, de comprendre le travail des guides spirituels et d'apprendre comment on devient un guide et un guérisseur spirituels

Distorsions

- *Difficulté à transformer, transcender le mal, les énergies, situations et aspects négatifs*
- *Blocage, rétention, problèmes de digestion sur les différents plans, obésité*
- *Problèmes de santé, maladies incurables, difficulté à guérir due à un surplus de mémoires, pensées, émotions et comportements négatifs*
- *Refus ou résistance face à la réceptivité*
- *Problèmes causés par des besoins instinctuels inassouvis*
- *Débordement, réaction excessive, conflit, affrontement*
- *Rejet de l'autre, manque d'amour, accumulation de sentiments négatifs*
- *Tendance à s'embourber, lourdeur, incapacité à se déterminer un objectif*
- *Ignorance de la Loi de la résonance ou refus de l'appliquer*
- *Incompréhension du bien et du mal*
- *Athéisme, incrédulité*
- *Peur des changements et de la mort*
- *Difficulté à accompagner des personnes en phase terminale ou en fin de vie*

Physique : 6 mars au 10 mars
Émotionnel : 6 janvier, 18 mars, 31 mai, 14 août, 27 octobre
Intellectuel : 23 h 00 à 23 h 19
Domicile : Yésod / **Spécificité** : Netzach

71 HAIAIEL

Qualités

- Armes Divines
- Discernement (symbole de l'épée)
- Aura lumineuse (symbole du bouclier)
- Protection Divine pour prendre la décision la meilleure, la plus juste
- Intelligence réceptive, esprit protecteur, stratège
- Délivre de ceux qui nous oppriment
- Héros intérieur, force de compréhension qui permet de rester dans le bon chemin ou de le retrouver
- Protège et conduit à la victoire, la bravoure et le courage
- Idées et concepts nouveaux qui peuvent changer le monde
- Réceptivité à l'inspiration Divine
- Développe une grande énergie
- Leadership

Distorsions

- *Terroriste, activiste*
- *Manque d'intelligence et d'inspiration*
- *Personne dangereuse qui utilise des forces et des pensées négatives, énergies sombres, magie noire, pactes sataniques*
- *Manipulateur, menteur*
- *Prêt à tout pour gagner, pour atteindre son but*
- *Vindicatif, dictateur, tyran*
- *Discorde, trahison*
- *Fournit des armes pour tuer*
- *Porteur de contradictions intérieures*
- *Rupture (divorce, rupture de contrat, etc.)*
- *Idées criminelles, extrémisme*
- *Excès de rationalité*
- *Non-respect des engagements*
- *Guerre, conflits continus*
- *Gouvernement corrompu*

Physique : 11 mars au 15 mars
Émotionnel : 7 janvier, 19 mars, 1er juin, 15 août, 28 octobre
Intellectuel : 23 h 20 à 23 h 39
Domicile : Yésod / **Spécificité :** Hod

72 MUMIAH

Qualités

- Renaissance
- Grande réceptivité, facultés médiumniques, expériences mystiques
- Nouveau commencement
- Hautes Initiations qui produisent des transformations majeures et amènent de nouvelles connaissances
- Place le germe d'une vie nouvelle
- Compréhension de la Loi de la réincarnation et de la manière dont se manifestent les affinités sur les différents plans
- Début de la transformation et de la mutation angéliques
- Annonce la fin d'un cycle et le début d'un nouveau
- Porteur de conclusion, aide à terminer ce que l'on a commencé
- Réalisation concrète, matérialisation
- Touche la médecine et la santé
- Phase terminale dans laquelle se trouve le germe du renouveau
- Accompagnement des mourants
- Grande expérience de la vie
- Ouverture de conscience

Distorsions

- *Difficulté à terminer un cycle et/ou à en commencer un nouveau*
- *Peur des expériences mystiques due à un manque de connaissances et de compréhension spirituelles et métaphysiques*
- *Craint les initiations et l'évolution de sa conscience, préférant continuer à vivre avec une conscience ordinaire*
- *Ignorance ou fausse compréhension du principe de la réincarnation et de la vie éternelle, ou refus d'y croire*
- *Désespoir, voie sans issue, horizon bouché, dépression*
- *Tendance à abandonner, à nourrir des ambiances négatives et de vieux schémas*
- *Difficulté à s'ouvrir à la spiritualité et au Divin, à développer une nouvelle conscience et à vivre en accord avec elle, athéisme*
- *Mort inconsciente, suicide*
- *Renie sa propre existence, influence négative*
- *Mauvaise santé, handicap*
- *Écroulement, ruine, perte d'emploi, de conjoint, d'amis, etc.*
- *Passe d'une expérience à l'autre sans comprendre*
- *Cherche à convaincre*
- *Va à l'encontre de l'ordre naturel*
- *Force la matérialisation*
- *Science et connaissance employées sans conscience*

Physique : 16 mars au 20 mars
Émotionnel : 8 janvier, 20 mars, 2 juin, 16 août, 29 octobre
Intellectuel : 23 h 40 à 23 h 59
Domicile : Yésod / **Spécificité** : Yésod

LES CALENDRIERS ANGÉLIQUES

Les pages qui suivent comprennent les trois Calendriers Angéliques, qui permettent à toute personne d'identifier facilement ses Anges Gardiens. Le premier calendrier concerne le plan physique, le deuxième, le plan émotionnel et le troisième, le plan intellectuel.

Le Calendrier Angélique n° 1 est particulièrement utile au travail avec l'Angéologie Traditionnelle. En effet, il fournit un itinéraire de travail en allouant à chaque période de cinq jours dans l'année un Ange particulier.

Pendant des siècles, cet itinéraire a servi à structurer le mouvement naturel de transformation et de mutation de la conscience, mouvement qui guide l'être humain de la conscience ordinaire à la Conscience Angélique.

CALENDRIER ANGÉLIQUE n° 1
Plan physique

21 mars	au	25 mars	1	VEHUIAH
26 mars	au	30 mars	2	JELIEL
31 mars	au	04 avril	3	SITAEL
05 avril	au	09 avril	4	ELEMIAH
10 avril	au	14 avril	5	MAHASIAH
15 avril	au	20 avril	6	LELAHEL
21 avril	au	25 avril	7	ACHAIAH
26 avril	au	30 avril	8	CAHETEL
01 mai	au	05 mai	9	HAZIEL
06 mai	au	10 mai	10	ALADIAH
11 mai	au	15 mai	11	LAUVIAH
16 mai	au	20 mai	12	HAHAIAH
21 mai	au	25 mai	13	IEZALEL
26 mai	au	31 mai	14	MEBAHEL
01 juin	au	05 juin	15	HARIEL
06 juin	au	10 juin	16	HEKAMIAH
11 juin	au	15 juin	17	LAUVIAH
16 juin	au	21 juin	18	CALIEL
22 juin	au	26 juin	19	LEUVIAH
27 juin	au	01 juillet	20	PAHALIAH
02 juillet	au	06 juillet	21	NELKHAEL
07 juillet	au	11 juillet	22	YEIAYEL
12 juillet	au	16 juillet	23	MELAHEL
17 juillet	au	22 juillet	24	HAHEUIAH
23 juillet	au	27 juillet	25	NITH-HAIAH
28 juillet	au	01 août	26	HAAIAH
02 août	au	06 août	27	YERATHEL
07 août	au	12 août	28	SEHEIAH
13 août	au	17 août	29	REIYEL
18 août	au	22 août	30	OMAEL
23 août	au	28 août	31	LECABEL
29 août	au	02 septembre	32	VASARIAH
03 septembre	au	07 septembre	33	YEHUIAH
08 septembre	au	12 septembre	34	LEHAHIAH
13 septembre	au	17 septembre	35	CHAVAKHIAH
18 septembre	au	23 septembre	36	MENADEL

CALENDRIER ANGÉLIQUE n° 1 (suite)
Plan physique

24 septembre	au	28 septembre	37	ANIEL
29 septembre	au	03 octobre	38	HAAMIAH
04 octobre	au	08 octobre	39	REHAEL
09 octobre	au	13 octobre	40	IEIAZEL
14 octobre	au	18 octobre	41	HAHAHEL
19 octobre	au	23 octobre	42	MIKAEL
24 octobre	au	28 octobre	43	VEULIAH
29 octobre	au	02 novembre	44	YELAHIAH
03 novembre	au	07 novembre	45	SEALIAH
08 novembre	au	12 novembre	46	ARIEL
13 novembre	au	17 novembre	47	ASALIAH
18 novembre	au	22 novembre	48	MIHAEL
23 novembre	au	27 novembre	49	VEHUEL
28 novembre	au	02 décembre	50	DANIEL
03 décembre	au	07 décembre	51	HAHASIAH
08 décembre	au	12 décembre	52	IMAMIAH
13 décembre	au	16 décembre	53	NANAEL
17 décembre	au	21 décembre	54	NITHAEL
22 décembre	au	26 décembre	55	MEBAHIAH
27 décembre	au	31 décembre	56	POYEL
01 janvier	au	05 janvier	57	NEMAMIAH
06 janvier	au	10 janvier	58	YEIALEL
11 janvier	au	15 janvier	59	HARAHEL
16 janvier	au	20 janvier	60	MITZRAEL
21 janvier	au	25 janvier	61	UMABEL
26 janvier	au	30 janvier	62	IAHHEL
31 janvier	au	04 février	63	ANAUEL
05 février	au	09 février	64	MEHIEL
10 février	au	14 février	65	DAMABIAH
15 février	au	19 février	66	MANAKEL
20 février	au	24 février	67	EYAEL
25 février	au	29 février	68	HABUHIAH
01 mars	au	05 mars	69	ROCHEL
06 mars	au	10 mars	70	JABAMIAH
11 mars	au	15 mars	71	HAIAIEL
16 mars	au	20 mars	72	MUMIAH

CALENDRIER ANGÉLIQUE n° 2
Plan émotionnel

JANVIER	FÉVRIER	MARS
1: #65 Damabiah	1: #25 Nith-Haiah	1: #53 Nanael
2: #66 Manakel	2: #26 Haaiah	2: #54 Nithael
3: #67 Eyael	3: #27 Yerathel	3: #55 Mebahiah
4: #68 Habuhiah	4: #28 Seheiah	4: #56 Poyel
5: #69 Rochel	5: #29 Reiyel	5: #57 Nemamiah
6: #70 Jabamiah	6: #30 Omael	6: #58 Yeialel
7: #71 Haiaiel	7: #31 Lecabel	7: #59 Harahel
8: #72 Mumiah	8: #32 Vasariah	8: #60 Mitzrael
9: #1 Vehuiah	9: #33 Yehuiah	9: #61 Umabel
10: #2 Jeliel	10: #34 Lehahiah	10: #62 Iahhel
11: #3 Sitael	11: #35 Chavakhiah	11: #63 Anauel
12: #4 Elemiah	12: #36 Menadel	12: #64 Mehiel
13: #5 Mahasiah	13: #37 Aniel	13: #65 Damabiah
14: #6 Lelahel	14: #38 Haamiah	14: #66 Manakel
15: #7 Achaiah	15: #39 Rehael	15: #67 Eyael
16: #8 Cahetel	16: #40 Ieiazel	16: #68 Habuhiah
17: #9 Haziel	17: #41 Hahahel	17: #69 Rochel
18: #10 Aladiah	18: #42 Mikael	18: #70 Jabamiah
19: #11 Lauviah	19: #43 Veuliah	19: #71 Haiaiel
20: #12 Hahaiah	20: #44 Yelahiah	20: #72 Mumiah
21: #13 Iezalel	21: #45 Sealiah	21: #1 Vehuiah
22: #14 Mebahel	22: #46 Ariel	22: #2 Jeliel
23: #15 Hariel	23: #47 Asaliah	23: #3 Sitael
24: #16 Hekamiah #17 Lauviah	24: #48 Mihael	24: #4 Elemiah
	25: #49 Vehuel	25: #5 Mahasiah
25: #18 Caliel	26: #50 Daniel	26: #6 Lelahel
26: #19 Leuviah	27: #51 Hahasiah	27: #7 Achaiah
27: #20 Pahaliah	28: #52 Imamiah	28: #8 Cahetel
28: #21 Nelkhael	29: #52 Imamiah	29: #9 Haziel
29: #22 Yeiayel		30: #10 Aladiah
30: #23 Melahel		31: #11 Lauviah
31: #24 Haheuiah		

Comment trouver son Ange Gardien du plan émotionnel :
Dans le Calendrier Angélique n° 2, les chiffres de la première colonne indiquent les jours du mois, et ceux de la deuxième colonne les nombres associés aux Anges. Par conséquent, votre Ange Gardien du plan émotionnel est celui qui est situé à droite de votre jour de naissance. Par exemple, si vous êtes né le 5 mai, votre Ange du plan émotionnel est le #45 Sealiah. **Particularités :**
1) L'astérisque (*) qui apparaît à la droite de sept dates de ce Calendrier indique que de minuit

CALENDRIER ANGÉLIQUE n° 2 (suite)
Plan émotionnel

AVRIL	MAI	JUIN
1: #12 Hahaiah	1: #41 Hahahel	1: #71 Haiaiel
2: #13 Iezalel	2: #42 Mikael	2: #72 Mumiah
3: #14 Mebahel	3: #43 Veuliah	3: #1 Vehuiah
4: #15 Hariel	4: #44 Yelahiah	4: #2 Jeliel
5: #16 Hekamiah	5: #45 Sealiah	5: #3 Sitael
6: #17 Lauviah	6: #46 Ariel	6: #4 Elemiah
7: #18 Caliel	7: #47 Asaliah	7: #5 Mahasiah
8: #19 Leuviah	8: #48 Mihael	8: #6 Lelahel
9: #20 Pahaliah	9: #49 Vehuel	9: #7 Achaiah
10: #21 Nelkhael	10: #50 Daniel	10: #8 Cahetel
11: #22 Yeiayel	11: #51 Hahasiah	11: #9 Haziel
12: #23 Melahel	12: #52 Imamiah	12: #10 Aladiah
13: #24 Haheuiah	13: #53 Nanael	13: *
14: #25 Nith-Haiah	14: #54 Nithael	14: #11 Lauviah
15: #26 Haaiah	15: #55 Mebahiah	15: #12 Hahaiah
16: #27 Yerathel	16: #56 Poyel	16: #13 Iezalel
17: *	17: #57 Nemamiah	17: #14 Mebahel
18: #28 Seheiah	18: #58 Yeialel	18: #15 Hariel
19: #29 Reiyel	19: #59 Harahel	19: #16 Hekamiah
20: #30 Omael	20: *	20: #17 Lauviah
21: #31 Lecabel	21: #60 Mitzrael	21: #18 Caliel
22: #32 Vasariah	22: #61 Umabel	22: #19 Leuviah
23: #33 Yehuiah	23: #62 Iahhel	23: #20 Pahaliah
24: #34 Lehahiah	24: #63 Anauel	24: #21 Nelkhael
25: #35 Chavakhiah	25: #64 Mehiel	25: #22 Yeiayel
26: #36 Menadel	26: #65 Damabiah	26: #23 Melahel
27: #37 Aniel	27: #66 Manakel	27: #24 Haheuiah
28: #38 Haamiah	28: #67 Eyael	28: #25 Nith-Haiah
29: #39 Rehael	29: #68 Habuhiah	29: #26 Haaiah
30: #40 Ieiazel	30: #69 Rochel	30: #27 Yerathel
	31: #70 Jabamiah	

à midi ces journées-là, c'est l'Ange de la journée précédente qui gouverne, et que de midi à minuit, c'est l'Ange de la journée suivante qui gouverne. Par exemple, l'Ange 27 Yerathel gouverne le 16 avril et le 17 avril jusqu'à midi, et l'Ange 28 Seheiah le 17 avril de midi à minuit ainsi que le 18 avril. **2)** Dans les cas où la date réfère à deux Anges – soit le 24 janvier et le 27 décembre – le premier Ange gouverne de minuit à 18 h 00 et le deuxième de 18 h 00 à minuit.

CALENDRIER ANGÉLIQUE n° 2 (suite)
Plan émotionnel

JUILLET	AOÛT	SEPTEMBRE
1: #28 Seheiah	1: #57 Nemamiah	1: #15 Hariel
2: #29 Reiyel	2: #58 Yeialel	2: #16 Hekamiah
3: #30 Omael	3: #59 Harahel	3: #17 Lauviah
4: #31 Lecabel	4: #60 Mitzrael	4: #18 Caliel
5: *	5: #61 Umabel	5: #19 Leuviah
6: #32 Vasariah	6: #62 Iahhel	6: #20 Pahaliah
7: #33 Yehuiah	7: #63 Anauel	7: #21 Nelkhael
8: #34 Lehahiah	8: #64 Mehiel	8: #22 Yeiayel
9: #35 Chavakhiah	9: #65 Damabiah	9: #23 Melahel
10: #36 Menadel	10: #66 Manakel	10: #24 Haheuiah
11: #37 Aniel	11: #67 Eyael	11: #25 Nith-Haiah
12: #38 Haamiah	12: #68 Habuhiah	12: #26 Haaiah
13: #39 Rehael	13: #69 Rochel	13: #27 Yerathel
14: #40 Ieiazel	14: #70 Jabamiah	14: #28 Seheiah
15: #41 Hahahel	15: #71 Haiaiel	15: #29 Reiyel
16: #42 Mikael	16: #72 Mumiah	16: #30 Omael
17: #43 Veuliah	17: #1 Vehuiah	17: #31 Lecabel
18: #44 Yelahiah	18: #2 Jeliel	18: #32 Vasariah
19: #45 Sealiah	19: *	19: #33 Yehuiah
20: #46 Ariel	20: #3 Sitael	20: #34 Lehahiah
21: #47 Asaliah	21: #4 Elemiah	21: *
22: #48 Mihael	22: #5 Mahasiah	22: #35 Chavakhiah
23: #49 Vehuel	23: #6 Lelahel	23: #36 Menadel
24: #50 Daniel	24: #7 Achaiah	24: #37 Aniel
25: #51 Hahasiah	25: #8 Cahetel	25: #38 Haamiah
26: *	26: #9 Haziel	26: #39 Rehael
27: #52 Imamiah	27: #10 Aladiah	27: #40 Ieiazel
28: #53 Nanael	28: #11 Lauviah	28: #41 Hahahel
29: #54 Nithael	29: #12 Hahaiah	29: #42 Mikael
30: #55 Mebahiah	30: #13 Iezalel	30: #43 Veuliah
31: #56 Poyel	31: #14 Mebahel	

Comment trouver son Ange Gardien du plan émotionnel :
Dans le Calendrier Angélique n° 2, les chiffres de la première colonne indiquent les jours du mois, et ceux de la deuxième colonne les nombres associés aux Anges. Par conséquent, votre Ange Gardien du plan émotionnel est celui qui est situé à droite de votre jour de naissance. Par exemple, si vous êtes né le 5 mai, votre Ange du plan émotionnel est le #45 Sealiah. **Particularités :** 1) L'astérisque (*) qui apparaît à la droite de sept dates de ce Calendrier indique que de minuit

CALENDRIER ANGÉLIQUE n° 2 (suite)
Plan émotionnel

OCTOBRE	NOVEMBRE	DÉCEMBRE
1: #44 Yelahiah	1: #3 Sitael	1: #33 Yehuiah
2: #45 Sealiah	2: #4 Elemiah	2: #34 Lehahiah
3: #46 Ariel	3: #5 Mahasiah	3: #35 Chavakhiah
4: #47 Asaliah	4: #6 Lelahel	4: #36 Menadel
5: #48 Mihael	5: #7 Achaiah	5: #37 Aniel
6: #49 Vehuel	6: #8 Cahetel	6: #38 Haamiah
7: #50 Daniel	7: #9 Haziel	7: #39 Rehael
8: #51 Hahasiah	8: #10 Aladiah	8: #40 Ieiazel
9: #52 Imamiah	9: #11 Lauviah	9: #41 Hahahel
10: #53 Nanael	10: #12 Hahaiah	10: #42 Mikael
11: #54 Nithael	11: #13 Iezalel	11: #43 Veuliah
12: #55 Mebahiah	12: #14 Mebahel	12: #44 Yelahiah
13: #56 Poyel	13: #15 Hariel	13: #45 Sealiah
14: #57 Nemamiah	14: #16 Hekamiah	14: #46 Ariel
15: #58 Yeialel	15: #17 Lauviah	15: #47 Asaliah
16: #59 Harahel	16: #18 Caliel	16: #48 Mihael
17: #60 Mitzrael	17: #19 Leuviah	17: #49 Vehuel
18: #61 Umabel	18: #20 Pahaliah	18: #50 Daniel
19: #62 Iahhel	19: #21 Nelkhael	19: #51 Hahasiah
20: #63 Anauel	20: #22 Yeiayel	20: #52 Imamiah
21: #64 Mehiel	21: #23 Melahel	21: #53 Nanael
22: #65 Damabiah	22: #24 Haheuiah	22: #54 Nithael
23: #66 Manakel	23: #25 Nith-Haiah	23: #55 Mebahiah
24: #67 Eyael	24: #26 Haaiah	24: #56 Poyel
25: #68 Habuhiah	25: #27 Yerathel	25: #57 Nemamiah
26: #69 Rochel	26: #28 Seheiah	26: #58 Yeialel
27: #70 Jabamiah	27: #29 Reiyel	27: #59 Harahel
28: #71 Haiaiel	28: #30 Omael	#60 Mitzrael
29: #72 Mumiah	29: #31 Lecabel	28: #61 Umabel
30: #1 Vehuiah	30: #32 Vasariah	29: #62 Iahhel
31: #2 Jeliel		30: #63 Anauel
		31: #64 Mehiel

à midi ces journées-là, c'est l'Ange de la journée précédente qui gouverne, et que de midi à minuit, c'est l'Ange de la journée suivante qui gouverne. Par exemple, l'Ange 27 Yerathel gouverne le 16 avril et le 17 avril jusqu'à midi, et l'Ange 28 Seheiah le 17 avril de midi à minuit ainsi que le 18 avril. **2)** Dans les cas où la date réfère à deux Anges – soit le 24 janvier et le 27 décembre – le premier Ange gouverne de minuit à 18 h 00 et le deuxième de 18 h 00 à minuit.

CALENDRIER ANGÉLIQUE n° 3
Plan intellectuel

0 h 00	à	0 h 19	1	VEHUIAH
0 h 20	à	0 h 39	2	JELIEL
0 h 40	à	0 h 59	3	SITAEL
1 h 00	à	1 h 19	4	ELEMIAH
1 h 20	à	1 h 39	5	MAHASIAH
1 h 40	à	1 h 59	6	LELAHEL
2 h 00	à	2 h 19	7	ACHAIAH
2 h 20	à	2 h 39	8	CAHETEL
2 h 40	à	2 h 59	9	HAZIEL
3 h 00	à	3 h 19	10	ALADIAH
3 h 20	à	3 h 39	11	LAUVIAH
3 h 40	à	3 h 59	12	HAHAIAH
4 h 00	à	4 h 19	13	IEZALEL
4 h 20	à	4 h 39	14	MEBAHEL
4 h 40	à	4 h 59	15	HARIEL
5 h 00	à	5 h 19	16	HEKAMIAH
5 h 20	à	5 h 39	17	LAUVIAH
5 h 40	à	5 h 59	18	CALIEL
6 h 00	à	6 h 19	19	LEUVIAH
6 h 20	à	6 h 39	20	PAHALIAH
6 h 40	à	6 h 59	21	NELKHAEL
7 h 00	à	7 h 19	22	YEIAYEL
7 h 20	à	7 h 39	23	MELAHEL
7 h 40	à	7 h 59	24	HAHEUIAH
8 h 00	à	8 h 19	25	NITH-HAIAH
8 h 20	à	8 h 39	26	HAAIAH
8 h 40	à	8 h 59	27	YERATHEL
9 h 00	à	9 h 19	28	SEHEIAH
9 h 20	à	9 h 39	29	REIYEL
9 h 40	à	9 h 59	30	OMAEL
10 h 00	à	10 h 19	31	LECABEL
10 h 20	à	10 h 39	32	VASARIAH
10 h 40	à	10 h 59	33	YEHUIAH
11 h 00	à	11 h 19	34	LEHAHIAH
11 h 20	à	11 h 39	35	CHAVAKHIAH
11 h 40	à	11 h 59	36	MENADEL

CALENDRIER ANGÉLIQUE nº 3 (suite)
Plan intellectuel

12 h 00	à	12 h 19	37	ANIEL
12 h 20	à	12 h 39	38	HAAMIAH
12 h 40	à	12 h 59	39	REHAEL
13 h 00	à	13 h 19	40	IEIAZEL
13 h 20	à	13 h 39	41	HAHAHEL
13 h 40	à	13 h 59	42	MIKAEL
14 h 00	à	14 h 19	43	VEULIAH
14 h 20	à	14 h 39	44	YELAHIAH
14 h 40	à	14 h 59	45	SEALIAH
15 h 00	à	15 h 19	46	ARIEL
15 h 20	à	15 h 39	47	ASALIAH
15 h 40	à	15 h 59	48	MIHAEL
16 h 00	à	16 h 19	49	VEHUEL
16 h 20	à	16 h 39	50	DANIEL
16 h 40	à	16 h 59	51	HAHASIAH
17 h 00	à	17 h 19	52	IMAMIAH
17 h 20	à	17 h 39	53	NANAEL
17 h 40	à	17 h 59	54	NITHAEL
18 h 00	à	18 h 19	55	MEBAHIAH
18 h 20	à	18 h 39	56	POYEL
18 h 40	à	18 h 59	57	NEMAMIAH
19 h 00	à	19 h 19	58	YEIALEL
19 h 20	à	19 h 39	59	HARAHEL
19 h 40	à	19 h 59	60	MITZRAEL
20 h 00	à	20 h 19	61	UMABEL
20 h 20	à	20 h 39	62	IAHHEL
20 h 40	à	20 h 59	63	ANAUEL
21 h 00	à	21 h 19	64	MEHIEL
21 h 20	à	21 h 39	65	DAMABIAH
21 h 40	à	21 h 59	66	MANAKEL
22 h 00	à	22 h 19	67	EYAEL
22 h 20	à	22 h 39	68	HABUHIAH
22 h 40	à	22 h 59	69	ROCHEL
23 h 00	à	23 h 19	70	JABAMIAH
23 h 20	à	23 h 39	71	HAIAIEL
23 h 40	à	23 h 59	72	MUMIAH

LISTE DE SITUATIONS ET PROBLÈMES COURANTS
ET LES ANGES À INVOQUER

A

Abaissé, sentiment d'être abaissé	16 Hekamiah
Abaissement	56 Poyel
Abandonner, sentiment d'être abandonné	9 Haziel, 56 Poyel
Abattement, découragement	20 Pahaliah, 40 Ieiazel, 45 Sealiah, 58 Yeialel
Abondance	10 Aladiah, 30 Omael, 31 Lecabel, 43 Veuliah, 48 Mihael
Abstrait, aller du concret à l'abstrait	21 Nelkhael
Abstrait, se perdre dans l'abstrait	17 Lauviah, 21 Nelkhael
Abus d'autorité	4 Elemiah, 20 Pahaliah, 26 Haaiah, 42 Mikael, 43 Veuliah, 58 Yeialel
Abus de confiance	12 Hahaiah, 27 Yerathel
Abus de pouvoir	4 Elemiah, 20 Pahaliah, 26 Haaiah, 43 Veuliah, 58 Yeialel
Abus sexuel	5 Mahasiah, 20 Pahaliah, 47 Asaliah
Accident	28 Seheiah, 42 Mikael, 54 Nithael
Accouchement	8 Cahetel, 30 Omael, 72 Mumiah
Accueil	54 Nithael
Accusation	14 Mebahel, 18 Caliel, 32 Vasariah, 35 Chavakhiah, 69 Rochel
Acharnement	1 Vehuiah, 22 Yeiayel, 33 Yehuiah
Acné	30 Omael, 66 Manakel, 68 Habuhiah
Acquis, prendre pour acquis	6 Lelahel, 54 Nithael
Acte manqué	5 Mahasiah, 24 Haheuiah, 52 Imamiah
Actif, s'activer	1 Vehuiah, 4 Elemiah, 57 Nemamiah
Action irréfléchie	1 Vehuiah, 28 Seheiah
Action, sens de l'action	1 Vehuiah, 4 Elemiah, 57 Nemamiah
Activité inutile	8 Cahetel, 46 Ariel
Adaptation, capacité d'adaptation	23 Melahel, 26 Haaiah, 36 Menadel
Administration, administrateur	3 Sitael, 26 Haaiah, 31 Lecabel, 63 Anauel, 69 Rochel
Adultère	13 Iezalel, 16 Hekamiah
Affaiblissement, faiblesse	1 Vehuiah, 45 Sealiah
Affinité	13 Iezalel, 22 Yeiayel, 61 Umabel
Agir contre le Destin et les Lois Cosmiques	4 Elemiah, 8 Cahetel, 25 Nith-Haiah

Agitation	4 ELEMIAH, 12 HAHAIAH, 17 LAUVIAH, 25 NITH-HAIAH, 28 SEHEIAH, 39 REHAEL, 62 IAHHEL
Agitation intérieure	4 ELEMIAH, 12 HAHAIAH, 17 LAUVIAH, 25 NITH-HAIAH, 28 SEHEIAH, 39 REHAEL, 62 IAHHEL
Agoraphobie	12 HAHAIAH
Agression	8 CAHETEL, 38 HAAMIAH
Agressivité	1 VEHUIAH, 3 SITAEL, 12 HAHAIAH, 20 PAHALIAH, 24 HAHEUIAH, 33 YEHUIAH, 34 LEHAHIAH, 38 HAAMIAH, 39 REHAEL, 44 YELAHIAH, 62 IAHHEL, 65 DAMABIAH, 71 HAIAIEL
Agressivité, dissoudre l'agressivité	12 HAHAIAH, 38 HAAMIAH
Agriculture	8 CAHETEL, 23 MELAHEL, 30 OMAEL, 31 LECABEL, 68 HABUHIAH
Agronome	31 LECABEL
Aide humanitaire	10 ALADIAH, 14 MEBAHEL, 19 LEUVIAH, 49 VEHUEL
Air	8 CAHETEL, 45 SEALIAH, 58 YEIALEL
Alchimie	51 HAHASIAH, 67 EYAEL, 70 JABAMIAH
Alcoolisme	15 HARIEL, 33 YEHUIAH, 40 IEIAZEL
Alimentation saine	23 MELAHEL
Alliance	2 JELIEL, 14 MEBAHEL, 33 YEHUIAH, 48 MIHAEL, 63 ANAUEL, 71 HAIAIEL
Altruisme	9 HAZIEL, 11 LAUVIAH, 14 MEBAHEL, 22 YEIAYEL, 36 MENADEL, 49 VEHUEL, 56 POYEL, 63 ANAUEL, 65 DAMABIAH
Alzheimer, maladie d'Alzheimer	19 LEUVIAH
Amabilité	9 HAZIEL, 38 HAAMIAH, 56 POYEL, 65 DAMABIAH, 66 MANAKEL
Ambassadeur	16 HEKAMIAH, 26 HAAIAH, 42 MIKAEL
Ambiance, créateur d'ambiance	26 HAAIAH, 27 YERATHEL
Ambigüité	26 HAAIAH, 34 LEHAHIAH, 68 HABUHIAH
Ambition	6 LELAHEL, 11 LAUVIAH, 26 HAAIAH, 51 HAHASIAH, 54 NITHAEL, 56 POYEL, 62 IAHHEL
Amertume	19 LEUVIAH
Amitié	9 HAZIEL, 13 IEZALEL, 16 HEKAMIAH, 61 UMABEL, 66 MANAKEL
Amitiés dangereuses	9 HAZIEL, 13 IEZALEL, 16 HEKAMIAH, 61 UMABEL, 66 MANAKEL
Amnésie	19 LEUVIAH, 69 ROCHEL
Amour altruiste	9 HAZIEL, 14 MEBAHEL, 25 NITH-HAIAH, 65 DAMABIAH
Amour de la nature	68 HABUHIAH

Amour Divin	1 Vehuiah, 2 Jeliel, 6 Lelahel, 9 Haziel, 11 Lauviah, 16 Hekamiah, 25 Nith-Haiah, 38 Haamiah, 62 Iahhel
Amour inconditionnel	9 Haziel, 14 Mebahel, 25 Nith-Haiah, 65 Damabiah
Amour paternel	39 Rehael
Amour Universel	1 Vehuiah, 2 Jeliel, 6 Lelahel, 9 Haziel, 11 Lauviah, 16 Hekamiah, 25 Nith-Haiah, 38 Haamiah, 62 Iahhel
Analyse	2 Jeliel, 31 Lecabel, 47 Asaliah, 55 Mebahiah, 57 Nemamiah, 58 Yeialel, 59 Harahel
Anarchie	26 Haaiah, 42 Mikael, 44 Yelahiah, 71 Haiaiel
Androgynie	2 Jeliel, 13 Iezalel, 48 Mihael, 62 Iahhel, 69 Rochel
Angoisse	12 Hahaiah, 17 Lauviah, 39 Rehael
Animal	30 Omael
Anorexie	8 Cahetel, 10 Aladiah, 54 Nithael, 68 Habuhiah
Anticipation	21 Nelkhael, 28 Seheiah, 46 Ariel, 57 Nemamiah
Anxiété	28 Seheiah, 39 Rehael
Apprentissage	5 Mahasiah, 7 Achaiah, 21 Nelkhael, 53 Nanael, 59 Harahel
Approbation	62 Iahhel
Appropriation	69 Rochel
Architecture, architecte	3 Sitael, 31 Lecabel, 63 Anauel
Argent	6 Lelahel, 43 Veuliah, 56 Poyel, 69 Rochel
Arriviste	1 Vehuiah, 6 Lelahel, 66 Manakel
Arrogance	5 Mahasiah, 32 Vasariah
Art, artiste	6 Lelahel, 15 Hariel, 22 Yeiayel, 27 Yerathel, 40 Ieiazel, 54 Nithael
Arthrite, arthrose	1 Vehuiah, 3 Sitael, 37 Aniel, 43 Veuliah, 66 Manakel, 68 Habuhiah
Asservissement	16 Hekamiah, 33 Yehuiah, 37 Aniel, 39 Rehael
Asservissement aux impulsions matérielles	49 Vehuel
Assujettissement	16 Hekamiah, 33 Yehuiah, 37 Aniel, 39 Rehael
Astrologie	21 Nelkhael, 51 Hahasiah, 61 Umabel
Astronomie	21 Nelkhael, 51 Hahasiah, 61 Umabel
Athéisme	17 Lauviah, 25 Nith-Haiah, 38 Haamiah, 41 Hahahel, 49 Vehuel, 70 Jabamiah

Attachement	13 Iezalel, 35 Chavakhiah, 37 Aniel
Attaque	8 Cahetel, 38 Haamiah
Attendre, bonne utilisation des périodes d'attente	7 Achaiah
Attitude négative, destructrice	9 Haziel, 12 Hahaiah, 64 Mehiel, 66 Manakel
Attitude positive, constructive	11 Lauviah, 12 Hahaiah
Audace	1 Vehuiah, 44 Yelahiah, 71 Haiaiel
Aura	71 Haiaiel
Authenticité	3 Sitael, 64 Mehiel
Autonomie	15 Hariel, 37 Aniel, 41 Hahahel
Autoritaire	1 Vehuiah, 5 Mahasiah, 26 Haaiah, 34 Lehahiah, 39 Rehael
Autoritarisme	1 Vehuiah, 5 Mahasiah, 26 Haaiah, 33 Yehuiah, 34 Lehahiah, 39 Rehael
Autorité, compréhension de l'autorité	4 Elemiah, 34 Lehahiah, 39 Rehael, 42 Mikael, 43 Veuliah, 60 Mitzrael
Avant-gardiste	1 Vehuiah
Avarice	6 Lelahel, 31 Lecabel, 43 Veuliah
Avidité	3 Sitael, 4 Elemiah, 11 Lauviah, 22 Yeiayel
Avisé	58 Yeialel
Avocat	18 Caliel, 32 Vasariah

B

Bactérie	23 Melahel, 30 Omael, 68 Habuhiah
Béatitude	49 Vehuel, 54 Nithael
Beauté	6 Lelahel, 38 Haamiah, 50 Daniel, 54 Nithael, 59 Harahel
Bégaiement	32 Vasariah, 50 Daniel, 56 Poyel
Bénédiction	8 Cahetel
Besoin de plaisirs	62 Iahhel
Besoins personnels	4 Elemiah, 66 Manakel
Bibliothèque, Bibliothèque Universelle	19 Leuviah, 59 Harahel, 69 Rochel
Bienveillance	32 Vasariah, 55 Mebahiah, 66 Manakel
Blasphème	8 Cahetel, 25 Nith-Haiah
Blessure	10 Aladiah, 23 Melahel, 51 Hahasiah, 68 Habuhiah
Blocage	45 Sealiah, 70 Jabamiah
Bonheur	6 Lelahel, 56 Poyel
Bonne foi	9 Haziel, 51 Hahasiah, 65 Damabiah
Bonté	9 Haziel, 11 Lauviah, 22 Yeiayel, 32 Vasariah, 50 Daniel, 51 Hahasiah, 55 Mebahiah, 56 Poyel, 65 Damabiah

Bouche	50 Daniel
Boulimie	10 Aladiah, 23 Melahel, 54 Nithael, 68 Habuhiah, 70 Jabamiah
Bravoure	1 Vehuiah, 20 Pahaliah, 44 Yelahiah, 52 Imamiah, 58 Yeialel, 71 Haiaiel
Bronches	23 Melahel, 51 Hahasiah, 66 Manakel, 68 Habuhiah
Brûlure	1 Vehuiah, 23 Melahel, 59 Harahel, 68 Habuhiah
Brutalité	44 Yelahiah, 52 Imamiah
But	11 Lauviah, 70 Jabamiah

C

Cadeau	56 Poyel
Calme	2 Jeliel, 28 Seheiah, 62 Iahhel
Calomnie	11 Lauviah, 14 Mebahel, 21 Nelkhael, 27 Yerathel, 42 Mikael
Cambriolage	24 Haheuiah
Cancer	12 Hahaiah, 30 Omael, 33 Yehuiah, 68 Habuhiah, 70 Jabamiah
Capricieux	55 Mebahiah, 56 Poyel
Caractère	5 Mahasiah, 8 Cahetel
Caractère, amélioration du caractère	5 Mahasiah, 8 Cahetel
Caractère, mauvais caractère	5 Mahasiah, 8 Cahetel
Catalysateur	26 Haaiah
Catastrophe	8 Cahetel, 28 Seheiah, 45 Sealiah
Catastrophe naturelle	8 Cahetel, 28 Seheiah, 45 Sealiah
Cause, découvrir la cause	31 Lecabel, 51 Hahasiah, 67 Eyael
Célébrité	6 Lelahel, 11 Lauviah, 22 Yeiayel, 54 Nithael, 56 Poyel
Célibat, célibat égoïste	2 Jeliel, 53 Nanael
Cercle vicieux des dépendances	37 Aniel
Chaleur, chaleur humaine	9 Haziel, 19 Leuviah, 65 Damabiah
Chance, deuxième chance	10 Aladiah
Changement	37 Aniel, 67 Eyael, 70 Jabamiah
Changement de mode de vie	8 Cahetel
Chant, chanson, chanter	40 Ieiazel, 50 Daniel, 53 Nanael
Charisme	10 Aladiah, 25 Nith-Haiah
Charlatan	10 Aladiah, 37 Aniel, 47 Asaliah, 51 Hahasiah
Charme, essayer de charmer	6 Lelahel
Chef	16 Hekamiah, 34 Lehahiah, 42 Mikael
Chemin, découvrir un nouveau chemin	4 Elemiah, 65 Damabiah, 72 Mumiah

Chirurgie	51 HAHASIAH, 68 HABUHIAH
Choix, faire un bon ou un mauvais choix	5 MAHASIAH
Chômage	36 MENADEL, 72 MUMIAH
Chute	28 SEHEIAH
Civiliser	26 HAAIAH, 27 YERATHEL
Clairaudience	12 HAHAIAH, 46 ARIEL, 48 MIHAEL, 58 YEIALEL, 62 IAHHEL
Clairsentience	12 HAHAIAH, 46 ARIEL, 48 MIHAEL, 58 YEIALEL, 62 IAHHEL
Clairvoyance	12 HAHAIAH, 46 ARIEL, 48 MIHAEL, 58 YEIALEL, 62 IAHHEL
Clarté	6 LELAHEL, 18 CALIEL
Claustrophobie	12 HAHAIAH
Clémence	3 SITAEL, 32 VASARIAH
Climat, changement climatique	8 CAHETEL, 45 SEALIAH
Climat, climat catastrophique	8 CAHETEL, 45 SEALIAH
Cœur	1 VEHUIAH, 45 SEALIAH, 55 MEBAHIAH
Cohabitation	26 HAAIAH, 53 NANAEL
Colère	1 VEHUIAH, 34 LEHAHIAH, 58 YEIALEL, 65 DAMABIAH, 66 MANAKEL
Colérique, tempérament colérique	28 SEHEIAH
Combat, combat intérieur	14 MEBAHEL
Commencer	1 VEHUIAH, 45 SEALIAH
Commerce	22 YEIAYEL, 63 ANAUEL
Communicatif, état d'âme communicatif	19 LEUVIAH
Communication	15 HARIEL, 50 DANIEL, 53 NANAEL, 55 MEBAHIAH, 63 ANAUEL
Compagnie, bonne ou mauvaise compagnie	2 JELIEL
Compétition, esprit de compétition	1 VEHUIAH, 11 LAUVIAH, 22 YEIAYEL, 26 HAAIAH, 48 MIHAEL, 52 IMAMIAH
Complication	19 LEUVIAH, 60 MITZRAEL
Compliqué, caractère compliqué	19 LEUVIAH, 60 MITZRAEL
Complot	16 HEKAMIAH, 31 LECABEL, 50 DANIEL
Comportement erroné	7 ACHAIAH, 38 HAAMIAH, 44 YELAHIAH, 46 ARIEL
Comportement exemplaire	20 PAHALIAH, 38 HAAMIAH
Comportement, science des comportements	29 REIYEL, 38 HAAMIAH
Compréhension	6 LELAHEL, 21 NELKHAEL, 51 HAHASIAH, 55 MEBAHIAH, 57 NEMAMIAH, 58 YEIALEL, 59 HARAHEL, 60 MITZRAEL, 62 IAHHEL

Comptabilité	43 VEULIAH, 63 ANAUEL, 69 ROCHEL
Concentration, capacité de concentration	1 VEHUIAH, 21 NELKHAEL, 45 SEALIAH, 58 YEIALEL, 59 HARAHEL
Concret, aller de l'abstrait au concret	67 EYAEL
Concrétisation	2 JELIEL, 30 OMAEL, 36 MENADEL, 67 EYAEL, 72 MUMIAH
Condamnation, condamner	18 CALIEL, 32 VASARIAH
Confiance, manque de confiance	1 VEHUIAH, 9 HAZIEL, 11 LAUVIAH, 17 LAUVIAH, 27 YERATHEL, 29 REIYEL, 33 YEHUIAH, 40 IEIAZEL, 45 SEALIAH, 66 MANAKEL
Conflit	2 JELIEL, 26 HAAIAH, 33 YEHUIAH, 35 CHAVAKHIAH, 42 MIKAEL, 44 YELAHIAH, 70 JABAMIAH, 71 HAIAIEL
Confrontation	33 YEHUIAH, 42 MIKAEL, 44 YELAHIAH, 70 JABAMIAH
Confusion	1 VEHUIAH, 7 ACHAIAH, 15 HARIEL, 18 CALIEL, 27 YERATHEL, 66 MANAKEL
Confusion entre les rêves et la réalité	12 HAHAIAH
Connaissance	15 HARIEL, 21 NELKHAEL, 53 NANAEL, 62 IAHHEL
Connaissance de soi	29 REIYEL, 61 UMABEL
Connaissance du bien et du mal	18 CALIEL, 20 PAHALIAH, 32 VASARIAH, 66 MANAKEL, 70 JABAMIAH
Conscience	18 CALIEL, 45 SEALIAH, 61 UMABEL, 62 IAHHEL
Conscience, manque de conscience	17 LAUVIAH
Consolation	40 IEIAZEL, 55 MEBAHIAH
Conspiration	26 HAAIAH, 33 YEHUIAH, 42 MIKAEL, 54 NITHAEL
Construction intérieure et extérieure	3 SITAEL, 21 NELKHAEL
Construction mentale	3 SITAEL, 21 NELKHAEL
Contagion	30 OMAEL, 68 HABUHIAH
Contamination	30 OMAEL, 68 HABUHIAH
Contemplation	26 HAAIAH, 47 ASALIAH, 53 NANAEL, 62 IAHHEL
Contradiction, contradictions intérieures	22 YEIAYEL, 34 LEHAHIAH, 64 MEHIEL, 71 HAIAIEL
Contrat	2 JELIEL, 14 MEBAHEL, 33 YEHUIAH, 48 MIHAEL, 63 ANAUEL, 71 HAIAIEL
Convertir, chercher à convertir	20 PAHALIAH
Convivialité	2 JELIEL
Coordination	16 HEKAMIAH, 31 LECABEL, 63 ANAUEL
Corruption	2 JELIEL, 8 CAHETEL, 18 CALIEL, 23 MELAHEL, 24 HAHEUIAH, 42 MIKAEL, 71 HAIAIEL
Cou, maux de cou	55 MEBAHIAH, 63 ANAUEL

Couple	2 Jeliel, 13 Iezalel, 48 Mihael, 52 Imamiah, 69 Rochel
Courage	1 Vehuiah, 20 Pahaliah, 44 Yelahiah, 52 Imamiah, 58 Yeialel, 71 Haiaiel
Courtoisie	38 Haamiah, 56 Poyel, 65 Damabiah, 66 Manakel
Crainte	12 Hahaiah, 17 Lauviah, 20 Pahaliah, 39 Rehael
Crampe	23 Melahel, 70 Jabamiah
Création	1 Vehuiah, 31 Lecabel, 40 Ieiazel, 47 Asaliah
Crime, crimes cachés	10 Aladiah, 24 Haheuiah, 30 Omael, 58 Yeialel
Criminel	10 Aladiah, 14 Mebahel, 24 Haheuiah, 44 Yelahiah
Criminel, idées et actes criminels	24 Haheuiah, 30 Omael, 33 Yehuiah, 34 Lehahiah, 39 Rehael, 44 Yelahiah, 71 Haiaiel
Critique	5 Mahasiah, 56 Poyel, 60 Mitzrael, 63 Anauel, 64 Mehiel, 71 Haiaiel
Croissance	48 Mihael
Cruauté	19 Leuviah, 30 Omael, 39 Rehael, 44 Yelahiah, 71 Haiaiel
Cuisiner	67 Eyael
Culpabilité, sentiment de culpabilité	19 Leuviah, 32 Vasariah
Culture	30 Omael

D

Danger	24 Haheuiah, 28 Seheiah
Débordement (de toute sorte)	11 Lauviah, 40 Ieiazel, 70 Jabamiah
Débuter	1 Vehuiah, 45 Sealiah
Décadence morale	10 Aladiah, 20 Pahaliah, 30 Omael, 66 Manakel
Décalage entre corps et esprit	17 Lauviah, 68 Habuhiah
Décalage entre pensées et émotions	68 Habuhiah
Décalage, décalée	17 Lauviah, 68 Habuhiah
Déchirement	16 Hekamiah
Décider	4 Elemiah
Décision, prise de décision	26 Haaiah, 57 Nemamiah
Décodage des signes	5 Mahasiah
Découragement	20 Pahaliah, 40 Ieiazel, 45 Sealiah, 58 Yeialel

Découverte des secrets et mystères	7 ACHAIAH, 17 LAUVIAH, 22 YEIAYEL, 25 NITH-HAIAH, 29 REIYEL, 42 MIKAEL, 46 ARIEL
Découvrir ce qui est caché, occulté	7 ACHAIAH, 17 LAUVIAH, 46 ARIEL
Décrochage	36 MENADEL, 40 IEIAZEL, 43 VEULIAH, 45 SEALIAH, 61 UMABEL, 72 MUMIAH
Défier	1 VEHUIAH, 27 YERATHEL, 33 YEHUIAH, 34 LEHAHIAH, 36 MENADEL, 44 YELAHIAH, 71 HAIAIEL
Déformation de la réalité	12 HAHAIAH, 64 MEHIEL
Délinquance	24 HAHEUIAH, 33 YEHUIAH, 34 LEHAHIAH
Délivrance	20 PAHALIAH, 71 HAIAIEL, 40 IEIAZEL
Démuni, aide aux démunis	10 ALADIAH
Dent	3 SITAEL, 20 PAHALIAH, 68 HABUHIAH
Départ, nouveau départ	1 VEHUIAH, 10 ALADIAH
Dépendance	12 HAHAIAH, 15 HARIEL, 27 YERATHEL, 37 ANIEL, 40 IEIAZEL
Dépression	1 VEHUIAH, 12 HAHAIAH, 17 LAUVIAH, 30 OMAEL, 39 REHAEL, 72 MUMIAH
Désaccord	16 HEKAMIAH, 48 MIHAEL, 57 NEMAMIAH
Désarroi face aux situations nouvelles	7 ACHAIAH, 37 ANIEL
Déséquilibre, vie déséquilibrée	22 YEIAYEL
Désespoir	14 MEBAHEL, 19 LEUVIAH, 25 NITH-HAIAH, 72 MUMIAH
Déshériter	35 CHAVAKHIAH, 69 ROCHEL
Désinformation	7 ACHAIAH, 59 HARAHEL
Désintéressement	9 HAZIEL, 36 MENADEL, 65 DAMABIAH
Désir compulsif de plaire	27 YERATHEL
Désir, ajuster et réglementer les désirs	19 LEUVIAH, 20 PAHALIAH, 26 HAAIAH, 27 YERATHEL, 33 YEHUIAH, 49 VEHUEL, 52 IMAMIAH, 55 MEBAHIAH, 63 ANAUEL, 68 HABUHIAH
Désirs exaltés	20 PAHALIAH
Désobéissance	26 HAAIAH, 34 LEHAHIAH, 39 REHAEL
Désordre social	35 CHAVAKHIAH, 42 MIKAEL
Despote	8 CAHETEL, 45 SEALIAH
Destin, aller à l'encontre du Destin	1 VEHUIAH, 31 LECABEL, 36 MENADEL, 45 SEALIAH, 64 MEHIEL
Destin, destin difficile	20 PAHALIAH, 25 NITH-HAIAH
Destin, participer à la création du Destin	4 ELEMIAH
Destin, vouloir forcer le Destin	1 VEHUIAH, 31 LECABEL, 36 MENADEL, 45 SEALIAH, 64 MEHIEL
Destruction	1 VEHUIAH, 3 SITAEL, 23 MELAHEL, 43 VEULIAH, 44 YELAHIAH, 64 MEHIEL

Détachement	9 HAZIEL, 29 REIYEL, 33 YEHUIAH, 37 ANIEL, 49 VEHUEL, 50 DANIEL, 65 DAMABIAH, 72 MUMIAH
Devoir, sens du devoir	20 PAHALIAH, 33 YEHUIAH, 34 LEHAHIAH, 55 MEBAHIAH
Dévouement, dévotion	11 LAUVIAH, 36 MENADEL, 49 VEHUEL, 57 NEMAMIAH, 65 DAMABIAH
Dictature	26 HAAIAH, 34 LEHAHIAH, 42 MIKAEL, 71 HAIAIEL
Diffamation	11 LAUVIAH, 14 MEBAHEL, 27 YERATHEL, 42 MIKAEL
Diffusion par les médias	7 ACHAIAH, 59 HARAHEL, 64 MEHIEL
Digestion	23 MELAHEL, 28 SEHEIAH, 70 JABAMIAH
Dignité	3 SITAEL, 16 HEKAMIAH
Diminué, sentiment d'être diminué	16 HEKAMIAH, 56 POYEL
Diplomatie, diplomate	22 YEIAYEL, 26 HAAIAH, 49 VEHUEL
Directeur, président	16 HEKAMIAH, 34 LEHAHIAH, 42 MIKAEL, 63 ANAUEL
Dirigeant, leader, guide	1 VEHUIAH, 16 HEKAMIAH, 22 YEIAYEL, 26 HAAIAH, 42 MIKAEL, 71 HAIAIEL
Discernement	7 ACHAIAH, 15 HARIEL, 18 CALIEL, 31 LECABEL, 32 VASARIAH, 42 MIKAEL, 47 ASALIAH, 50 DANIEL, 55 MEBAHIAH, 57 NEMAMIAH, 58 YEIALEL, 59 HARAHEL, 60 MITZRAEL, 64 MEHIEL, 71 HAIAIEL,
Discerner, difficulté à discerner le bien et le mal	18 CALIEL, 20 PAHALIAH, 66 MANAKEL
Discipline	34 LEHAHIAH
Discorde	35 CHAVAKHIAH, 48 MIHAEL, 62 IAHHEL, 71 HAIAIEL
Discours	32 VASARIAH, 50 DANIEL, 56 POYEL, 64 MEHIEL
Discrétion	12 HAHAIAH, 26 HAAIAH, 46 ARIEL
Dispersion	24 HAHEUIAH
Disséquer, tendance à disséquer	15 HARIEL, 47 ASALIAH
Dissidence, provoquer la dissidence	16 HEKAMIAH
Distraction	24 HAHEUIAH
Divorce	2 JELIEL, 13 IEZALEL, 48 MIHAEL, 62 IAHHEL, 71 HAIAIEL
Dominer et être dominé	4 ELEMIAH, 68 HABUHIAH
Don oratoire	32 VASARIAH, 50 DANIEL, 56 POYEL
Don, donation	11 LAUVIAH, 22 YEIAYEL
Donner inconditionnellement	41 HAHAHEL, 43 VEULIAH
Dos	1 VEHUIAH, 3 SITAEL, 19 LEUVIAH, 45 SEALIAH
Double vie	68 HABUHIAH

Douceur	25 Nith-Haiah, 56 Poyel, 62 Iahhel, 65 Damabiah
Douleur	23 Melahel, 51 Hahasiah, 68 Habuhiah
Doute	18 Caliel
Drainage lymphatique	15 Hariel, 23 Melahel, 65 Damabiah
Droiture, justesse	32 Vasariah
Dynamisme	1 Vehuiah, 20 Pahaliah, 27 Yerathel, 45 Sealiah, 71 Haiaiel
Dyslexie	60 Mitzrael, 68 Habuhiah

E

Eau	8 Cahetel, 45 Sealiah, 65 Damabiah
Écartèlement	16 Hekamiah
Échec	4 Elemiah, 7 Achaiah, 8 Cahetel, 15 Hariel, 53 Nanael, 55 Mebahiah
Écoute, écouter	26 Haaiah, 39 Rehael, 46 Ariel
Écraser autrui	1 Vehuiah, 8 Cahetel
Écriture, écrivain	40 Ieiazel, 49 Vehuel, 59 Harahel, 64 Mehiel
Écroulement des structures	3 Sitael, 37 Aniel
Édition, éditer	7 Achaiah, 40 Ieiazel, 59 Harahel, 64 Mehiel
Éducation, éduquer	21 Nelkhael, 42 Mikael, 47 Asaliah, 61 Umabel
Effacer	5 Mahasiah
Efficacité	3 Sitael, 31 Lecabel, 38 Haamiah
Effondrement intérieur	15 Hariel
Effort	1 Vehuiah, 45 Sealiah
Égard, avoir de l'égard	26 Haaiah
Égarement	24 Haheuiah
Égocentrisme	2 Jeliel, 16 Hekamiah, 25 Nith-Haiah, 26 Haaiah, 27 Yerathel, 35 Chavakhiah, 49 Vehuel
Égoïsme	2 Jeliel, 16 Hekamiah, 25 Nith-Haiah, 26 Haaiah, 27 Yerathel, 35 Chavakhiah, 49 Vehuel
Élément, les quatre éléments	8 Cahetel, 45 Sealiah
Élévation spirituelle	14 Mebahel, 49 Vehuel
Élocution	50 Daniel, 53 Nanael, 56 Poyel
Élocution, problèmes d'élocution	50 Daniel, 56 Poyel
Éloignement des êtres aimés	13 Iezalel
Éloquence	2 Jeliel, 6 Lelahel, 32 Vasariah, 50 Daniel, 56 Poyel, 64 Mehiel

Eparpillement	24 HAHEUIAH
Épreuve	20 PAHALIAH, 24 HAHEUIAH, 32 VASARIAH, 40 IEIAZEL, 45 SEALIAH
Épuisement	1 VEHUIAH, 4 ELEMIAH, 28 SEHEIAH, 36 MENADEL, 45 SEALIAH, 57 NEMAMIAH, 60 MITZRAEL, 64 MEHIEL, 72 MUMIAH
Équilibre intérieur	47 ASALIAH
Équité, égalité	14 MEBAHEL
Erreur	3 SITAEL, 5 MAHASIAH, 13 IEZALEL, 38 HAAMIAH, 47 ASALIAH, 52 IMAMIAH, 60 MITZRAEL, 67 EYAEL
Esclavage	22 YEIAYEL, 27 YERATHEL, 33 YEHUIAH, 36 MENADEL, 39 REHAEL
Espoir	14 MEBAHEL, 45 SEALIAH, 56 POYEL
Esprit borné	13 IEZALEL, 15 HARIEL, 63 ANAUEL
Esprit de groupe	26 HAAIAH
Esprit destructeur	23 MELAHEL, 44 YELAHIAH, 64 MEHIEL, 66 MANAKEL
Esprit limité	13 IEZALEL, 15 HARIEL, 63 ANAUEL
Esthétique	6 LELAHEL, 54 NITHAEL
Estomac	15 HARIEL, 70 JABAMIAH
Études	5 MAHASIAH, 7 ACHAIAH, 21 NELKHAEL, 31 LECABEL, 60 MITZRAEL, 67 EYAEL
Euthanasie	30 OMAEL, 72 MUMIAH
Éveil	1 VEHUIAH, 45 SEALIAH, 49 VEHUEL
Exactitude	31 LECABEL, 58 YEIALEL
Exagération	11 LAUVIAH
Examen	5 MAHASIAH, 7 ACHAIAH, 21 NELKHAEL, 31 LECABEL, 60 MITZRAEL, 67 EYAEL
Excellence	31 LECABEL
Excès de rationalité	58 YEIALEL, 63 ANAUEL, 64 MEHIEL, 71 HAIAIEL
Excès sexuels	10 ALADIAH, 20 PAHALIAH, 43 VEULIAH, 62 IAHHEL
Excès, comportement excessif	3 SITAEL, 45 SEALIAH, 56 POYEL, 63 ANAUEL, 64 MEHIEL, 65 DAMABIAH, 71 HAIAIEL
Exemple, donner l'exemple	1 VEHUIAH, 55 MEBAHIAH
Exil	24 HAHEUIAH, 36 MENADEL
Exorcisme	14 MEBAHEL, 21 NELKHAEL, 25 NITH-HAIAH, 27 YERATHEL, 38 HAAMIAH
Expansion	3 SITAEL, 30 OMAEL
Expérience, ne pas apprendre les leçons de ses expériences	13 IEZALEL, 52 IMAMIAH, 67 EYAEL, 72 MUMIAH
Expertise	11 LAUVIAH, 68 HABUHIAH

Exploration intérieure et extérieure	7 ACHAIAH, 12 HAHAIAH
Expression, facilité d'expression	2 JELIEL, 6 LELAHEL, 32 VASARIAH, 50 DANIEL, 56 POYEL, 64 MEHIEL
Extravagance	11 LAUVIAH
Extrémisme	15 HARIEL, 41 HAHAHEL, 44 YELAHIAH, 71 HAIAIEL

F

Facilité d'apprentissage	21 NELKHAEL
Facultés intellectuelles	57 NEMAMIAH, 58 YEIALEL, 64 MEHIEL
Faiblesse	1 VEHUIAH, 45 SEALIAH
Faillite	4 ELEMIAH, 31 LECABEL, 63 ANAUEL
Famille	26 HAAIAH, 45 SEALIAH, 69 ROCHEL
Fanatisme	15 HARIEL, 20 PAHALIAH, 27 YERATHEL, 29 REIYEL
Fatique	1 VEHUIAH, 45 SEALIAH, 57 NEMAMIAH, 60 MITZRAEL, 64 MEHIEL, 72 MUMIAH
Fatigue chronique	57 NEMAMIAH, 60 MITZRAEL
Fausse preuve	18 CALIEL
Fausseté	41 HAHAHEL, 47 ASALIAH, 64 MEHIEL
Faux témoin	18 CALIEL
Fécondité	2 JELIEL, 8 CAHETEL, 30 OMAEL, 48 MIHAEL, 64 MEHIEL
Féminin, polarité féminine	2 JELIEL, 13 IEZALEL, 48 MIHAEL, 69 ROCHEL
Féminité	9 HAZIEL, 48 MIHAEL, 54 NITHAEL
Fertilité	2 JELIEL, 8 CAHETEL, 30 OMAEL, 48 MIHAEL, 64 MEHIEL
Feu	8 CAHETEL, 45 SEALIAH, 59 HARAHEL
Fiabilité	2 JELIEL
Fibromyalgie	17 LAUVIAH, 23 MELAHEL, 51 HAHASIAH, 68 HABUHIAH
Fidélité	2 JELIEL, 3 SITAEL, 13 IEZALEL, 16 HEKAMIAH, 33 YEHUIAH, 35 CHAVAKHIAH, 41 HAHAHEL, 48 MIHAEL, 52 IMAMIAH
Fièvre	23 MELAHEL, 45 SEALIAH, 68 HABUHIAH
Finir	72 MUMIAH
Flatterie	18 CALIEL, 27 YERATHEL
Foi, manque de foi	17 LAUVIAH, 23 MELAHEL, 41 HAHAHEL
Foie	15 HARIEL, 70 JABAMIAH
Folie	57 NEMAMIAH, 58 YEIALEL, 59 HARAHEL, 60 MITZRAEL
Force mentale	57 NEMAMIAH, 58 YEIALEL, 64 MEHIEL
Force spirituelle	4 ELEMIAH, 25 NITH-HAIAH

144

Force sur tous les plans	4 ELEMIAH, 44 YELAHIAH, 52 IMAMIAH, 71 HAIAIEL
Forces de la nature	23 MELAHEL, 45 SEALIAH
Forces démoniaques	4 ELEMIAH, 14 MEBAHEL, 15 HARIEL, 19 LEUVIAH, 24 HAHEUIAH, 25 NITH-HAIAH, 38 HAAMIAH, 44 YELAHIAH, 64 MEHIEL
Forces obscures	4 ELEMIAH, 14 MEBAHEL, 15 HARIEL, 19 LEUVIAH, 24 HAHEUIAH, 25 NITH-HAIAH, 38 HAAMIAH, 44 YELAHIAH, 64 MEHIEL
Fortune	6 LELAHEL, 22 YEIAYEL, 56 POYEL, 69 ROCHEL
Foudre	11 LAUVIAH, 28 SEHEIAH
Franchise	16 HEKAMIAH, 18 CALIEL, 44 YELAHIAH, 58 YEIALEL
Fraternité	49 VEHUEL, 61 UMABEL, 63 ANAUEL
Froideur émotionnelle	24 HAHEUIAH, 36 MENADEL, 58 YEIALEL
Fuite de la réalité concrète	5 MAHASIAH, 24 HAHEUIAH, 32 VASARIAH, 36 MENADEL, 49 VEHUEL, 57 NEMAMIAH, 64 MEHIEL
Fuite face aux responsabilités	5 MAHASIAH, 24 HAHEUIAH, 32 VASARIAH, 36 MENADEL, 49 VEHUEL

G

Gaspillage	6 LELAHEL, 10 ALADIAH, 27 YERATHEL, 43 VEULIAH, 56 POYEL, 63 ANAUEL
Gaspillage d'argent	6 LELAHEL, 27 YERATHEL, 43 VEULIAH, 63 ANAUEL
Gaspillage d'énergie	20 PAHALIAH, 43 VEULIAH, 47 ASALIAH
Gencives	3 SITAEL, 24 HAHEUIAH, 68 HABUHIAH
Générosité	3 SITAEL, 22 YEIAYEL, 32 VASARIAH, 49 VEHUEL, 56 POYEL, 63 ANAUEL, 65 DAMABIAH
Génocide	30 OMAEL
Genou	17 LAUVIAH, 39 REHAEL
Géométrie	21 NELKHAEL
Germe	30 OMAEL, 68 HABUHIAH
Global, vision globale	29 REIYEL, 41 HAHAHEL, 47 ASALIAH, 63 ANAUEL
Gloire, recherche de gloire personnelle	6 LELAHEL, 7 ACHAIAH, 22 YEIAYEL, 26 HAAIAH, 36 MENADEL
Glorifier	11 LAUVIAH, 49 VEHUEL
Gorge	50 DANIEL, 53 NANAEL
Gourou, faux gourou	10 ALADIAH
Grâce	10 ALADIAH
Gratitude	3 SITAEL, 8 CAHETEL, 46 ARIEL

Grossesse	8 Cahetel, 30 Omael, 48 Mihael
Guérison	1 Vehuiah, 6 Lelahel, 10 Aladiah, 23 Melahel, 28 Seheiah, 30 Omael, 39 Rehael, 45 Sealiah, 51 Hahasiah, 54 Nithael, 60 Mitzrael, 66 Manakel, 68 Habuhiah, 70 Jabamiah
Guérison miraculeuse	28 Seheiah
Guérisseur	23 Melahel, 51 Hahasiah
Guerre	9 Haziel, 16 Hekamiah, 34 Lehahiah, 43 Veuliah, 44 Yelahiah, 71 Haiaiel
Guerrier de Lumière	43 Veuliah, 44 Yelahiah, 71 Haiaiel
Guide spirituel	4 Elemiah, 29 Reiyel, 67 Eyael
Guide, leader, dirigeant	1 Vehuiah, 16 Hekamiah, 22 Yeiayel, 26 Haaiah, 42 Mikael, 63 Anauel, 71 Haiaiel
Gynécologie	30 Omael

H

Haine	9 Haziel, 39 Rehael, 41 Hahahel, 49 Vehuel
Hallucination	12 Hahaiah, 17 Lauviah
Hanche	3 Sitael, 28 Seheiah
Handicap	72 Mumiah
Harmonie	2 Jeliel, 8 Cahetel, 12 Hahaiah, 13 Iezalel, 20 Pahaliah, 25 Nith-Haiah, 35 Chavakhiah, 38 Haamiah, 48 Mihael, 50 Daniel, 52 Imamiah, 55 Mebahiah, 70 Jabamiah
Hémorragie	65 Damabiah, 68 Habuhiah
Hémorroïdes	68 Habuhiah
Héritage	35 Chavakhiah, 54 Nithael, 69 Rochel
Hernie	3 Sitael, 33 Yehuiah, 39 Rehael, 45 Sealiah
Herpès	20 Pahaliah, 30 Omael, 68 Habuhiah
Hiérarchie	33 Yehuiah, 34 Lehahiah, 39 Rehael, 60 Mitzrael
Histoire de l'Univers	67 Eyael
Homéopathie	23 Melahel
Honnêteté	16 Hekamiah, 18 Caliel, 32 Vasariah
Hospitalité	54 Nithael
Humeur, mauvaise humeur	55 Mebahiah, 56 Poyel
Humiliation	56 Poyel
Humilité	52 Imamiah, 56 Poyel, 65 Damabiah
Humour	56 Poyel

146

Hyperactivité	12 Hahaiah, 17 Lauviah, 27 Yerathel, 28 Seheiah, 36 Menadel
Hypocrisie	3 Sitael, 9 Haziel, 29 Reiyel, 49 Vehuel, 64 Mehiel

I

Idée, manques d'idées	36 Menadel
Idées claires	55 Mebahiah
Idolâtrie	16 Hekamiah, 54 Nithael
Ignorance	5 Mahasiah, 7 Achaiah, 13 Iezalel, 21 Nelkhael, 27 Yerathel, 47 Asaliah, 53 Nanael, 58 Yeialel, 62 Iahhel
Illégal, action illégale	18 Caliel, 24 Haheuiah, 42 Mikael
Illicite, moyens illicites	6 Lelahel, 24 Haheuiah, 31 Lecabel, 43 Veuliah, 50 Daniel
Illumination	6 Lelahel, 49 Vehuel, 62 Iahhel
Illusion	12 Hahaiah, 17 Lauviah, 25 Nith-Haiah, 43 Veuliah, 51 Hahasiah, 64 Mehiel
Imagination	64 Mehiel
Immiscer (s')	1 Vehuiah
Immobilisme	1 Vehuiah, 22 Yeiayel
Impasse	29 Reiyel, 65 Damabiah
Impatience	7 Achaiah, 25 Nith-Haiah, 30 Omael
Imposant	1 Vehuiah, 5 Mahasiah, 26 Haaiah, 34 Lehahiah, 39 Rehael
Imposer sa volonté	1 Vehuiah, 15 Hariel, 26 Haaiah, 34 Lehahiah, 39 Rehael
Impressionner, vouloir impressionner	16 Hekamiah, 19 Leuviah
Improvisation	15 Hariel, 23 Melahel, 50 Daniel, 64 Mehiel
Impuissance	20 Pahaliah, 33 Yehuiah, 48 Mihael
Impulsivité	12 Hahaiah, 37 Aniel, 58 Yeialel, 66 Manakel
Inaction	1 Vehuiah, 22 Yeiayel
Incendie	8 Cahetel, 45 Sealiah, 59 Harahel
Incohérence	24 Haheuiah, 25 Nith-Haiah, 28 Seheiah, 46 Ariel
Inconscient	17 Lauviah
Inconstance	2 Jeliel, 20 Pahaliah, 24 Haheuiah, 48 Mihael, 52 Imamiah, 54 Nithael, 65 Damabiah
Incorruptibité	18 Caliel, 24 Haheuiah, 34 Lehahiah
Indécision	4 Elemiah, 46 Ariel, 57 Nemamiah
Indifférence	10 Aladiah, 24 Haheuiah

148

Intellect, activité intellectuelle	1 Vehuiah, 19 Leuviah, 58 Yeialel, 59 Harahel, 60 Mitzrael, 64 Mehiel
Intelligence	19 Leuviah, 31 Lecabel, 58 Yeialel, 59 Harahel, 63 Anauel
Intelligence pratique	3 Sitael, 31 Lecabel, 59 Harahel, 63 Anauel
Intention, connaître les intentions	18 Caliel
Intériorisation	12 Hahaiah, 62 Iahhel
Intervenir	1 Vehuiah
Intestins	15 Hariel, 70 Jabamiah, 72 Mumiah
Intolérance	15 Hariel, 27 Yerathel, 41 Hahahel
Intuition	17 Lauviah, 21 Nelkhael, 28 Seheiah, 47 Asaliah, 69 Rochel
Invention	7 Achaiah, 15 Hariel, 31 Lecabel, 46 Ariel, 63 Anauel
Irréconciliable	9 Haziel, 35 Chavakhiah
Irréfléchi	28 Seheiah
Irresponsabilité	16 Hekamiah, 24 Haheuiah, 26 Haaiah, 36 Menadel
Isolement, s'isoler	12 Hahaiah, 36 Menadel, 40 Ieiazel, 53 Nanael, 62 Iahhel, 67 Eyael

J

Jalousie	9 Haziel, 11 Lauviah, 13 Iezalel, 16 Hekamiah, 26 Haaiah, 48 Mihael, 69 Rochel
Jambe	1 Vehuiah, 27 Yerathel, 33 Yehuiah, 36 Menadel
Jardinage	23 Melahel, 30 Omael, 68 Habuhiah
Jeunesse	54 Nithael
Joie	11 Lauviah, 17 Lauviah, 30 Omael, 43 Veuliah, 67 Eyael
Joueur compulsif	15 Hariel, 27 Yerathel, 37 Aniel
Journalisme	7 Achaiah, 59 Harahel
Juge	18 Caliel, 32 Vasariah, 69 Rochel
Jugement, capacité de jugement	55 Mebahiah, 57 Nemamiah, 58 Yeialel, 71 Haiaiel
Juger	18 Caliel, 32 Vasariah, 69 Rochel
Jungle, loi de la jungle	26 Haaiah, 27 Yerathel
Juré	18 Caliel, 32 Vasariah
Jury	18 Caliel, 32 Vasariah
Justice	14 Mebahel, 18 Caliel, 24 Haheuiah, 32 Vasariah, 39 Rehael, 44 Yelahiah, 58 Yeialel, 69 Rochel

K

Kabbale	25 Nith-Haiah, 51 Hahasiah
Karma, résolution du karma	3 Sitael, 10 Aladiah, 44 Yelahiah, 52 Imamiah, 62 Iahhel, 69 Rochel
Kundalini, éveil de la kundalini	20 Pahaliah
Kyste	30 Omael, 68 Habuhiah

L

Lâcheté	57 Nemamiah
Laisser-aller	7 Achaiah, 10 Aladiah, 31 Lecabel, 42 Mikael
Langage	50 Daniel, 56 Poyel
Langage symbolique	5 Mahasiah, 53 Nanael, 61 Umabel
Langue, apprentissage des langues	5 Mahasiah, 60 Mitzrael
Leader, guide, dirigeant	1 Vehuiah, 16 Hekamiah, 22 Yeiayel, 26 Haaiah, 42 Mikael, 63 Anauel, 71 Haiaiel
Liaison passagère	2 Jeliel, 20 Pahaliah, 48 Mihael
Libération	8 Cahetel, 14 Mebahel, 16 Hekamiah 18 Caliel, 20 Pahaliah, 27 Yerathel, 29 Reiyel, 36 Menadel, 37 Aniel, 40 Ieiazel, 43 Veuliah, 52 Imamiah, 57 Nemamiah, 66 Manakel, 71 Haiaiel
Liberté	14 Mebahel, 27 Yerathel, 29 Reiyel, 36 Menadel
Librairie	40 Ieiazel, 64 Mehiel
Lien	2 Jeliel, 26 Haaiah, 35 Chavakhiah, 61 Umabel
Litige	14 Mebahel, 18 Caliel, 32 Vasariah, 35 Chavakhiah, 69 Rochel
Logique excessive	55 Mebahiah, 58 Yeialel
Loi, Lois Cosmiques/ Universelles/Divines	8 Cahetel, 17 Lauviah, 25 Nith-Haiah, 34 Lehahiah, 42 Mikael
Loi, respect des Lois	18 Caliel, 20 Pahaliah, 32 Vasariah, 34 Lehahiah, 42 Mikael, 68 Habuhiah
Lombaire, vertèbres lombaires	3 Sitael, 20 Pahaliah
Longévité	28 Seheiah
Lourdeur	67 Eyael, 70 Jabamiah
Loyauté	13 Iezalel, 16 Hekamiah, 35 Chavakhiah, 44 Yelahiah
Lucidité	2 Jeliel, 15 Hariel, 42 Mikael, 55 Mebahiah, 58 Yeialel

Lumière	6 LELAHEL, 7 ACHAIAH, 27 YERATHEL
Luxure	10 ALADIAH, 20 PAHALIAH, 43 VEULIAH, 54 NITHAEL, 62 IAHHEL

M

Machisme	48 MIHAEL
Magie	25 NITH-HAIAH, 38 HAAMIAH
Main	3 SITAEL, 43 VEULIAH, 63 ANAUEL
Maison, habitation	8 CAHETEL, 12 HAHAIAH, 25 NITH-HAIAH
Maîtrise des pouvoirs, des passions	19 LEUVIAH, 23 MELAHEL, 25 NITH-HAIAH, 31 LECABEL, 37 ANIEL, 45 SEALIAH, 58 YEIALEL, 63 ANAUEL
Maîtrise, manque de maîtrise	1 VEHUIAH, 45 SEALIAH
Maladie	20 PAHALIAH, 23 MELAHEL, 28 SEHEIAH, 32 VASARIAH, 35 CHAVAKHIAH, 51 HAHASIAH, 54 NITHAEL, 66 MANAKEL, 68 HABUHIAH
Maladie incurable	70 JABAMIAH
Maladie mentale	57 NEMAMIAH, 58 YEIALEL, 59 HARAHEL, 60 MITZRAEL
Malfaisant	5 MAHASIAH, 32 VASARIAH
Malfaiteur	10 ALADIAH, 14 MEBAHEL, 24 HAHEUIAH, 44 YELAHIAH
Malheur	3 SITAEL, 7 ACHAIAH, 14 MEBAHEL, 17 LAUVIAH, 18 CALIEL, 19 LEUVIAH, 25 NITH-HAIAH
Malhonnêteté	18 CALIEL, 31 LECABEL, 47 ASALIAH
Malveillance	8 CAHETEL, 9 HAZIEL, 25 NITH-HAIAH, 38 HAAMIAH, 66 MANAKEL
Manigances	16 HEKAMIAH, 31 LECABEL, 50 DANIEL
Manipulation	7 ACHAIAH, 9 HAZIEL, 22 YEIAYEL, 31 LECABEL, 50 DANIEL, 51 HAHASIAH, 58 YEIALEL, 66 MANAKEL
Manipulation par les médias	7 ACHAIAH, 59 HARAHEL
Marginalité	17 LAUVIAH, 33 YEHUIAH, 61 UMABEL
Mariage	2 JELIEL, 48 MIHAEL, 62 IAHHEL
Martyr, martyre	41 HAHAHEL
Masculin, polarité masculine	2 JELIEL, 13 IEZALEL, 48 MIHAEL, 69 ROCHEL
Masque	6 LELAHEL
Massacre	44 YELAHIAH, 71 HAIAIEL
Matérialisation	2 JELIEL, 8 CAHETEL, 30 OMAEL, 36 MENADEL, 48 MIHAEL, 67 EYAEL, 72 MUMIAH
Matérialiste	6 LELAHEL, 20 PAHALIAH, 25 NITH-HAIAH, 29 REIYEL, 30 OMAEL, 32 VASARIAH, 36 MENADEL, 43 VEULIAH, 55 MEBAHIAH, 62 IAHHEL, 66 MANAKEL, 67 EYAEL

Mathématiques	21 NELKHAEL
Matière, problèmes avec la matière	8 CAHETEL, 17 LAUVIAH, 43 VEULIAH
Méchanceté	27 YERATHEL, 52 IMAMIAH
Médecin	23 MELAHEL, 30 OMAEL, 51 HAHASIAH, 72 MUMIAH
Médiation	2 JELIEL, 14 MEBAHEL, 35 CHAVAKHIAH
Médiocrité	11 LAUVIAH
Méditation	12 HAHAIAH, 25 NITH-HAIAH, 29 REIYEL, 53 NANAEL
Médium, médiumnité	12 HAHAIAH, 46 ARIEL
Méfiance	19 LEUVIAH, 29 REIYEL, 55 MEBAHIAH
Mégalomanie	6 LELAHEL, 16 HEKAMIAH, 22 YEIAYEL, 64 MEHIEL
Mélancolie	19 LEUVIAH, 32 VASARIAH, 53 NANAEL
Mélange, art des mélanges	67 EYAEL
Mémoire	19 LEUVIAH, 32 VASARIAH, 69 ROCHEL
Mémoire Cosmique	19 LEUVIAH
Mémoire des vies antérieures	19 LEUVIAH
Méningite	39 REHAEL, 60 MITZRAEL
Mensonge	12 HAHAIAH, 13 IEZALEL, 14 MEBAHEL, 38 HAAMIAH, 42 MIKAEL, 47 ASALIAH, 55 MEBAHIAH, 58 YEIALEL
Menstruations	15 HARIEL, 17 LAUVIAH, 65 DAMABIAH, 68 HABUHIAH
Mental, problèmes mentaux	39 REHAEL, 58 YEIALEL, 59 HARAHEL, 60 MITZRAEL, 64 MEHIEL
Mépris	33 YEHUIAH, 41 HAHAHEL
Mère	9 HAZIEL, 48 MIHAEL, 61 UMABEL, 70 JABAMIAH
Messager	16 HEKAMIAH, 26 HAAIAH, 42 MIKAEL
Métaphysique, étude de la métaphysique	25 NITH-HAIAH, 51 HAHASIAH
Méthode, découverte de nouvelles méthodes	4 ELEMIAH, 7 ACHAIAH, 15 HARIEL, 22 YEIAYEL, 25 NITH-HAIAH, 30 OMAEL, 33 YEHUIAH, 46 ARIEL
Métier	31 LECABEL, 36 MENADEL, 63 ANAUEL
Meurtre, meurtrier	24 HAHEUIAH, 44 YELAHIAH, 71 HAIAIEL
Microbe	30 OMAEL, 68 HABUHIAH
Migraine	60 MITZRAEL, 68 HABUHIAH
Militaire, talent militaire	44 YELAHIAH
Miséricorde	9 HAZIEL
Mission	36 MENADEL, 41 HAHAHEL, 57 NEMAMIAH, 64 MEHIEL

Modestie	19 Leuviah, 32 Vasariah, 56 Poyel, 62 Iahhel
Moi Supérieur	16 Hekamiah, 20 Pahaliah, 29 Reiyel, 49 Vehuel
Mollesse	10 Aladiah
Mondanité, besoin de plaisirs mondains	29 Reiyel, 33 Yehuiah, 56 Poyel, 62 Iahhel
Monnayer la justice	18 Caliel
Moquerie	41 Hahahel, 56 Poyel
Morale, déchéance morale	10 Aladiah
Morale, valeurs morales	20 Pahaliah, 55 Mebahiah, 66 Manakel, 67 Eyael
Morosité	19 Leuviah, 58 Yeialel
Mort	70 Jabamiah, 72 Mumiah
Motivation, connaître les vraies motivations	45 Sealiah, 61 Umabel
Multiplication	30 Omael
Muqueuses	68 Habuhiah
Muscle	45 Sealiah
Musique	17 Lauviah, 25 Nith-Haiah, 40 Ieiazel, 50 Daniel, 59 Harahel, 67 Eyael
Myopie	58 Yeialel
Mystère, accès aux mystères	12 Hahaiah, 17 Lauviah, 25 Nith-Haiah, 42 Mikael
Mystique, expérience mystique	47 Asaliah, 53 Nanael, 55 Mebahiah, 62 Iahhel

N

Narcissisme	11 Lauviah, 54 Nithael, 61 Umabel
Nationalisme	15 Hariel, 29 Reiyel, 35 Chavakhiah
Nature, respect de la nature	14 Mebahel, 23 Melahel
Nature, secrets de la nature	23 Melahel, 46 Ariel, 61 Umabel
Naturopathie	23 Melahel
Naufrage	65 Damabiah
Négatif, isoler le négatif temporairement	12 Hahaiah
Négativisme, attitude négative	12 Hahaiah
Négociation	3 Sitael, 26 Haaiah, 63 Anauel
Nervosité	1 Vehuiah, 62 Iahhel
Nettoyage	15 Hariel
Noblesse	16 Hekamiah, 32 Vasariah
Non-attachement	65 Damabiah
Nostalgie	61 Umabel

Notaire	18 Caliel, 69 Rochel
Nourriture artificielle	23 Melahel, 67 Eyael
Nourriture pour l'âme	8 Cahetel
Nourriture saine	23 Melahel
Nuque	15 Hariel, 68 Habuhiah

O

Obéissance	34 Lehahiah, 39 Rehael, 42 Mikael, 60 Mitzrael
Obésité	10 Aladiah, 68 Habuhiah
Objectif, incapacité à se déterminer un objectif	11 Lauviah, 70 Jabamiah
Obscurité	6 Lelahel, 18 Caliel, 25 Nith-Haiah
Obstination	1 Vehuiah, 37 Aniel, 58 Yeialel
Oeil	46 Ariel, 58 Yeialel
Offence	32 Vasariah, 35 Chavakhiah, 52 Imamiah
Ominiscience	21 Nelkhael
Opacité mentale	59 Harahel
Oppression	2 Jeliel, 14 Mebahel, 22 Yeiayel, 64 Mehiel, 71 Haiaiel
Optimisme	4 Elemiah, 11 Lauviah, 27 Yerathel, 45 Sealiah, 56 Poyel
Orateur	50 Daniel, 53 Nanael, 56 Poyel, 64 Mehiel
Ordinateur	7 Achaiah, 58 Yeialel, 64 Mehiel
Ordre	5 Mahasiah, 13 Iezalel, 14 Mebahel, 15 Hariel, 20 Pahaliah, 24 Haheuiah, 26 Haaiah, 31 Lecabel, 33 Yehuiah, 34 Lehahiah, 42 Mikael, 72 Mumiah
Ordre naturel	14 Mebahel, 72 Mumiah
Ordre social	16 Hekamiah, 26 Haaiah, 27 Yerathel, 42 Mikael, 52 Imamiah
Oreille	39 Rehael, 53 Nanael
Organisation	16 Hekamiah, 31 Lecabel, 42 Mikael, 63 Anauel
Organisation Cosmique	11 Lauviah, 21 Nelkhael, 47 Asaliah
Orgueil	6 Lelahel, 8 Cahetel, 11 Lauviah, 22 Yeiayel, 32 Vasariah, 45 Sealiah, 52 Imamiah, 56 Poyel
Orientation, manque d'orientation	1 Vehuiah, 4 Elemiah
Orientation, nouvelle orientation	4 Elemiah, 46 Ariel
Os	3 Sitael, 28 Seheiah
Oubli, oublier	19 Leuviah, 69 Rochel
Ouragan	8 Cahetel, 45 Sealiah
Ouverture de la conscience	17 Lauviah, 43 Veuliah, 72 Mumiah

P

Pacifier	23 MELAHEL, 65 DAMABIAH
Pacifisme, pacifiste	16 HEKAMIAH, 23 MELAHEL, 25 NITH-HAIAH, 62 IAHHEL
Paix	3 SITAEL, 4 ELEMIAH, 5 MAHASIAH, 12 HAHAIAH, 25 NITH-HAIAH, 28 SEHEIAH, 35 CHAVAKHIAH, 38 HAAMIAH, 43 VEULIAH, 44 YELAHIAH, 63 ANAUEL, 66 MANAKEL
Paraître, emphase mise sur le paraître	3 SITAEL, 6 LELAHEL, 27 YERATHEL, 54 NITHAEL
Paralysie	7 ACHAIAH, 15 HARIEL, 28 SEHEIAH
Parasite	23 MELAHEL, 30 OMAEL, 68 HABUHIAH
Pardon	9 HAZIEL, 10 ALADIAH, 32 VASARIAH
Parents	26 HAAIAH, 35 CHAVAKHIAH, 39 REHAEL, 59 HARAHEL
Paresse	1 VEHUIAH, 7 ACHAIAH, 36 MENADEL, 45 SEALIAH
Parole	50 DANIEL, 53 NANAEL
Passion	1 VEHUIAH, 9 HAZIEL, 13 IEZALEL, 16 HEKAMIAH, 26 HAAIAH, 40 IEIAZEL, 48 MIHAEL, 49 VEHUEL, 52 IMAMIAH
Patience	7 ACHAIAH, 19 LEUVIAH, 30 OMAEL, 52 IMAMIAH, 58 YEIALEL
Patron du règne animal	30 OMAEL
Pauvreté	30 OMAEL, 43 VEULIAH, 56 POYEL
Peau	23 MELAHEL, 30 OMAEL, 65 DAMABIAH, 68 HABUHIAH
Peinture	40 IEIAZEL, 67 EYAEL
Pensées malsaines, pessimistes	23 MELAHEL, 40 IEIAZEL
Perception	17 LAUVIAH, 46 ARIEL
Perdu, retrouver ce qui a été perdu	69 ROCHEL
Père	9 HAZIEL, 33 YEHUIAH, 39 REHAEL, 60 MITZRAEL
Perfectionniste insatisfait	31 LECABEL, 55 MEBAHIAH
Pernicieux	5 MAHASIAH, 32 VASARIAH
Persécution	24 HAHEUIAH, 41 HAHAHEL, 60 MITZRAEL
Personnalisme distorsionné	8 CAHETEL
Personnalités multiples	6 LELAHEL, 64 MEHIEL
Perspicacité	47 ASALIAH
Persuasion, capacité de persuasion	2 JELIEL
Perte	22 YEIAYEL, 72 MUMIAH
Perte d'objets, sentiments, amis, emploi, conjoint, etc.	69 ROCHEL, 72 MUMIAH

Perversion, comportement pervers	2 Jeliel, 11 Lauviah, 27 Yerathel, 33 Yehuiah, 37 Aniel, 52 Imamiah
Pessimisme	1 Vehuiah, 4 Elemiah, 17 Lauviah, 30 Omael, 45 Sealiah, 58 Yeialel
Peur	12 Hahaiah, 17 Lauviah, 39 Rehael
Peur d'aimer et d'être aimé	9 Haziel
Peur de la matière	49 Vehuel
Peur de l'avenir	28 Seheiah, 43 Veuliah
Peur de vieillir	54 Nithael
Peur de vivre	53 Nanael
Peur du changement	37 Aniel, 67 Eyael, 70 Jabamiah
Philantropie, philanthrope	22 Yeiayel
Philosophie	17 Lauviah, 21 Nelkhael, 46 Ariel, 51 Hahasiah, 53 Nanael, 62 Iahhel
Phobie	12 Hahaiah
Physique, sciences physiques	21 Nelkhael, 31 Lecabel, 51 Hahasiah, 61 Umabel, 67 Eyael, 69 Rochel
Phytothérapie	23 Melahel
Pied	1 Vehuiah, 27 Yerathel
Piège	21 Nelkhael
Pierre philosophale	51 Hahasiah
Plaie, guérison des plaies	10 Aladiah, 23 Melahel, 51 Hahasiah, 68 Habuhiah
Plaindre, se plaindre	19 Leuviah, 32 Vasariah
Plaire, vouloir plaire à tout prix	27 Yerathel, 28 Seheiah
Plan de vie	4 Elemiah, 26 Haaiah, 57 Nemamiah, 64 Mehiel
Planification	3 Sitael, 30 Omael, 31 Lecabel, 47 Asaliah, 63 Anauel
Plante	23 Melahel, 30 Omael, 68 Habuhiah
Plantes médicinales	23 Melahel
Plénitude	43 Veuliah
Pluie	8 Cahetel
Poésie	17 Lauviah, 21 Nelkhael
Polarité, harmonisation et réunification des deux polarités	2 Jeliel, 13 Iezalel, 48 Mihael, 69 Rochel
Politesse	38 Haamiah, 56 Poyel, 65 Damabiah, 66 Manakel
Politique	26 Haaiah, 42 Mikael
Pollution	8 Cahetel, 23 Melahel, 68 Habuhiah
Possession	25 Nith-Haiah, 27 Yerathel, 38 Haamiah
Possédé, être possédé	25 Nith-Haiah, 27 Yerathel, 38 Haamiah
Possessivité	9 Haziel, 31 Lecabel, 48 Mihael, 69 Rochel

Provocation, provoquer	1 Vehuiah, 27 Yerathel, 44 Yelahiah, 71 Haiaiel
Prudence	28 Seheiah
Psychiatrie	39 Rehael, 60 Mitzrael, 66 Manakel
Psychologie	17 Lauviah, 47 Asaliah, 60 Mitzrael
Publicité	59 Harahel, 64 Mehiel
Punition	24 Haheuiah, 33 Yehuiah, 39 Rehael
Pureté	15 Hariel, 20 Pahaliah, 65 Damabiah
Purification	15 Hariel
Puritanisme	15 Hariel, 32 Vasariah, 65 Damabiah

R

Racisme	35 Chavakhiah, 63 Anauel
Radio	7 Achaiah, 59 Harahel, 64 Mehiel
Rage	1 Vehuiah, 34 Lehahiah, 58 Yeialel, 65 Damabiah, 66 Manakel
Raison	1 Vehuiah, 58 Yeialel, 59 Harahel, 60 Mitzrael, 64 Mehiel
Rancœur	5 Mahasiah, 9 Haziel, 24 Haheuiah, 32 Vasariah, 35 Chavakhiah
Rancune	5 Mahasiah, 9 Haziel, 32 Vasariah
Rassemblement	13 Iezalel
Rate	15 Hariel, 23 Melahel, 68 Habuhiah
Rationalisme excessif	63 Anauel, 64 Mehiel, 71 Haiaiel
Réalisation	2 Jeliel, 30 Omael, 36 Menadel, 67 Eyael, 72 Mumiah
Rébellion, attitude rebelle	33 Yehuiah, 34 Lehahiah, 39 Rehael, 52 Imamiah, 59 Harahel, 60 Mitzrael
Réceptivité	11 Lauviah, 34 Lehahiah, 39 Rehael, 65 Damabiah, 69 Rochel
Récolte	8 Cahetel, 30 Omael, 68 Habuhiah
Réconciliation	9 Haziel, 13 Iezalel, 35 Chavakhiah, 48 Mihael
Reconnaissance	46 Ariel
Reconnu, ne pas être reconnu	22 Yeiayel
Rectifier	4 Elemiah, 5 Mahasiah, 20 Pahaliah, 60 Mitzrael
Redémarrage	10 Aladiah, 45 Sealiah
Redémarrer ce qui est embourbé	45 Sealiah
Redresser	4 Elemiah, 5 Mahasiah
Réfléchi	58 Yeialel
Réformer	5 Mahasiah

Refroidissement	23 Melahel, 51 Hahasiah, 66 Manakel, 68 Habuhiah
Refuge	12 Hahaiah, 25 Nith-Haiah
Régénération	1 Vehuiah, 10 Aladiah, 30 Omael, 64 Mehiel, 70 Jabamiah
Réhabilitation	28 Seheiah
Rein	15 Hariel, 68 Habuhiah, 70 Jabamiah
Réincarnation	19 Leuviah, 52 Imamiah, 72 Mumiah
Réinsertion sociale	10 Aladiah, 24 Haheuiah
Rejet	14 Mebahel
Relations humaines	2 Jeliel, 26 Haaiah, 35 Chavakhiah, 61 Umabel, 63 Anauel
Remettre en question, se remettre en question	12 Hahaiah
Renaissance	72 Mumiah
Rencontre de l'homme et de la femme	13 Iezalel, 38 Haamiah, 62 Iahhel
Renommée	6 Lelahel, 11 Lauviah, 22 Yeiayel, 54 Nithael, 56 Poyel
Réparation, réparer	4 Elemiah, 60 Mitzrael
Repolarisation (masculine et féminine)	2 Jeliel, 13 Iezalel, 48 Mihael, 68 Habuhiah, 69 Rochel
Résignation	7 Achaiah
Résistance aux nouveaux courants	37 Aniel
Résister à évoluer	32 Vasariah, 33 Yehuiah
Résonance, étude des résonances	61 Umabel
Respect	18 Caliel, 39 Rehael, 59 Harahel
Responsabilité, fuite des responsabilités	24 Haheuiah, 26 Haaiah, 32 Vasariah, 36 Menadel
Responsabilité, sens des responsabilités	3 Sitael, 16 Hekamiah, 30 Omael, 34 Lehahiah, 36 Menadel, 55 Mebahiah, 62 Iahhel
Restitution	69 Rochel
Rétablissement	1 Vehuiah, 10 Aladiah, 23 Melahel, 30 Omael, 40 Ieiazel, 51 Hahasiah, 64 Mehiel, 68 Habuhiah, 70 Jabamiah
Rétention	68 Habuhiah, 70 Jabamiah
Retour au Pays d'Origine	24 Haheuiah, 35 Chavakhiah, 69 Rochel
Retrouver ce qui a été perdu ou volé	69 Rochel
Réunification des polarités féminine et masculine	2 Jeliel, 13 Iezalel, 48 Mihael, 62 Iahhel, 69 Rochel
Réunification des qualités du corps et de l'esprit	66 Manakel, 68 Habuhiah
Réussite	1 Vehuiah, 8 Cahetel, 11 Lauviah, 27 Yerathel, 44 Yelahiah

Rêve, interprétations des rêves	5 MAHASIAH, 12 HAHAIAH, 17 LAUVIAH, 46 ARIEL, 66 MANAKEL
Révélation	17 LAUVIAH, 25 NITH-HAIAH, 31 LECABEL, 46 ARIEL
Révolte	7 ACHAIAH, 16 HEKAMIAH, 28 SEHEIAH, 34 LEHAHIAH, 60 MITZRAEL, 66 MANAKEL
Révolution	26 HAAIAH, 42 MIKAEL, 43 VEULIAH, 71 HAIAIEL
Rheumatisme	1 VEHUIAH, 3 SITAEL, 37 ANIEL, 43 VEULIAH, 66 MANAKEL, 68 HABUHIAH
Rhume	23 MELAHEL, 51 HAHASIAH, 66 MANAKEL, 68 HABUHIAH
Rigidité	8 CAHETEL, 15 HARIEL, 20 PAHALIAH, 34 LEHAHIAH, 58 YEIALEL
Rigueur	18 CALIEL, 20 PAHALIAH, 42 MIKAEL, 58 YEIALEL
Rire	11 LAUVIAH, 54 NITHAEL, 56 POYEL
Rituel, sens des rituels	38 HAAMIAH
Rivaliser	18 CALIEL, 52 IMAMIAH
Routine, enlisé dans la routine	57 NEMAMIAH
Ruine	3 SITAEL, 8 CAHETEL, 28 SEHEIAH, 34 LEHAHIAH, 35 CHAVAKHIAH, 54 NITHAEL, 63 ANAUEL, 69 ROCHEL, 72 MUMIAH
Ruse	11 LAUVIAH, 58 YEIALEL, 69 ROCHEL

S

Sagesse	2 JELIEL, 25 NITH-HAIAH, 44 YELAHIAH, 62 IAHHEL, 65 DAMABIAH
Santé	5 MAHASIAH, 10 ALADIAH, 23 MELAHEL, 28 SEHEIAH, 30 OMAEL, 45 SEALIAH, 51 HAHASIAH, 56 POYEL, 68 HABUHIAH, 72 MUMIAH
Satanique, pacte satanique	25 NITH-HAIAH, 38 HAAMIAH
Satisfaction égoïste des besoins	4 ELEMIAH, 66 MANAKEL
Scandale	18 CALIEL, 47 ASALIAH, 62 IAHHEL
Scénario	64 MEHIEL
Schéma, défaire les schémas	37 ANIEL
Schizophrénie	29 REIYEL, 33 YEHUIAH, 57 NEMAMIAH, 58 YEIALEL, 59 HARAHEL, 60 MITZRAEL
Sciatique	27 YERATHEL, 28 SEHEIAH
Science des comportements	29 REIYEL, 38 HAAMIAH

Science, scientifique	5 Mahasiah, 15 Hariel, 17 Lauviah, 21 Nelkhael, 22 Yeiayel, 23 Melahel, 26 Haaiah, 27 Yerathel, 31 Lecabel, 33 Yehuiah, 37 Aniel, 51 Hahasiah, 53 Nanael, 61 Umabel, 67 Eyael, 69 Rochel
Sciences humaines	29 Reiyel, 35 Chavakhiah, 38 Haamiah, 67 Eyael
Sciences naturelles	23 Melahel
Sciences sociales	26 Haaiah, 35 Chavakhiah
Sécheresse	8 Cahetel, 45 Sealiah, 65 Damabiah
Secrétariat	31 Lecabel, 69 Rochel
Sectarisme	15 Hariel, 29 Reiyel, 35 Chavakhiah, 37 Aniel
Sécurité	24 Haheuiah, 28 Seheiah, 42 Mikael
Séduction	54 Nithael
Sens subtils, développement des sens subtils	46 Ariel, 62 Iahhel
Sens, élévation des sens	14 Mebahel, 49 Vehuel, 62 Iahhel
Sentiment de supériorité	4 Elemiah, 6 Lelahel, 16 Hekamiah, 33 Yehuiah, 54 Nithael, 56 Poyel
Sentiment d'infériorité	4 Elemiah, 6 Lelahel, 16 Hekamiah, 33 Yehuiah, 54 Nithael, 56 Poyel
Sentiment/émotion, incapacité d'exprimer ses sentiments/émotions	19 Leuviah, 23 Melahel
Sentiment/émotion, maîtrise des sentiments/émotions	19 Leuviah, 23 Melahel, 31 Lecabel, 58 Yeialel, 63 Anauel
Sentiments contradictoires	22 Yeiayel
Sentiments corrompus	2 Jeliel, 8 Cahetel, 18 Caliel, 23 Melahel, 24 Haheuiah
Sentiments refoulés	52 Imamiah, 55 Mebahiah, 68 Habuhiah
Sentiments troubles	8 Cahetel, 65 Damabiah
Sentiments/émotions contradictoires	22 Yeiayel
Séparation	2 Jeliel, 13 Iezalel, 48 Mihael, 62 Iahhel, 71 Haiaiel
Séparatisme	15 Hariel, 29 Reiyel, 43 Veuliah
Serviabilité	19 Leuviah, 36 Menadel, 51 Hahasiah, 65 Damabiah
Service inconditionnel	19 Leuviah, 36 Menadel, 51 Hahasiah, 65 Damabiah
Serviteur fidèle	13 Iezalel, 34 Lehahiah, 41 Hahahel, 52 Imamiah
Sexualité	2 Jeliel, 20 Pahaliah, 48 Mihael, 62 Iahhel, 69 Rochel
Signe, lecture des signes	5 Mahasiah, 17 Lauviah, 46 Ariel, 67 Eyael
Silence	25 Nith-Haiah

T

Talent	31 LECABEL, 44 YELAHIAH, 54 NITHAEL, 56 POYEL, 57 NEMAMIAH
Technologie	7 ACHAIAH, 21 NELKHAEL, 58 YEIALEL, 64 MEHIEL
Télépathie	12 HAHAIAH, 17 LAUVIAH, 46 ARIEL, 48 MIHAEL, 58 YEIALEL, 62 IAHHEL
Télévision	7 ACHAIAH, 59 HARAHEL, 64 MEHIEL
Témoignage, faux témoignage	14 MEBAHEL, 18 CALIEL
Temps, compréhension du temps	7 ACHAIAH, 25 NITH-HAIAH, 31 LECABEL
Ténacité	1 VEHUIAH, 45 SEALIAH
Ténèbres	6 LELAHEL, 18 CALIEL, 25 NITH-HAIAH
Ténèbres, forces des ténèbres	3 SITAEL, 4 ELEMIAH, 14 MEBAHEL, 15 HARIEL, 19 LEUVIAH, 24 HAHEUIAH, 25 NITH-HAIAH, 38 HAAMIAH, 44 YELAHIAH, 64 MEHIEL
Tentation	10 ALADIAH, 66 MANAKEL
Terminer, bien terminer	72 MUMIAH
Terre	8 CAHETEL, 45 SEALIAH, 68 HABUHIAH
Thymus	64 MEHIEL, 68 HABUHIAH
Timidité	46 ARIEL, 56 POYEL
Tourment	4 ELEMIAH, 17 LAUVIAH
Traditionalisme	37 ANIEL
Trahison	4 ELEMIAH, 12 HAHAIAH, 13 IEZALEL, 16 HEKAMIAH, 25 NITH-HAIAH, 33 YEHUIAH, 34 LEHAHIAH, 42 MIKAEL, 57 NEMAMIAH, 58 YEIALEL, 71 HAIAIEL
Tranquillité	2 JELIEL, 28 SEHEIAH, 62 IAHHEL
Transcendance	20 PAHALIAH, 38 HAAMIAH
Transcendance de la sexualité	20 PAHALIAH
Transformation	67 EYAEL, 70 JABAMIAH, 72 MUMIAH
Transformation du mal en bien	70 JABAMIAH
Transsubstantiation	67 EYAEL
Travail	36 MENADEL
Travail difficile	7 ACHAIAH, 36 MENADEL, 52 IMAMIAH
Travail, grande capacité de travail	8 CAHETEL, 36 MENADEL
Tremblement de terre	8 CAHETEL, 45 SEALIAH
Tricherie	13 IEZALEL, 24 HAHEUIAH, 37 ANIEL, 50 DANIEL, 51 HAHASIAH, 59 HARAHEL
Tristesse	17 LAUVIAH, 19 LEUVIAH, 30 OMAEL, 40 IEIAZEL, 58 YEIALEL, 67 EYAEL
Tromperie	13 IEZALEL, 24 HAHEUIAH, 37 ANIEL, 50 DANIEL, 51 HAHASIAH, 59 HARAHEL

Turbulence, énergie turbulente	28 Seheiah
Tyran, tyranie	2 Jeliel, 4 Elemiah, 8 Cahetel, 14 Mebahel, 22 Yeiayel, 44 Yelahiah, 45 Sealiah, 64 Mehiel, 71 Haiaiel

U

Ulcère	51 Hahasiah
Union	2 Jeliel, 26 Haaiah, 35 Chavakhiah, 61 Umabel
Unité	63 Anauel
Univers, citoyen de l'Univers	63 Anauel
Universalité	9 Haziel, 16 Hekamiah, 19 Leuviah, 25 Nith-Haiah, 41 Hahahel, 44 Yelahiah, 51 Hahasiah, 63 Anauel, 67 Eyael, 69 Rochel
Utérus	30 Omael

V

Vampirisme, vampiriser l'énergie	14 Mebahel, 25 Nith-Haiah, 69 Rochel
Vanité	26 Haaiah, 27 Yerathel, 45 Sealiah, 62 Iahhel
Vantardise	3 Sitael, 56 Poyel
Varice	23 Melahel
Vengeance	5 Mahasiah, 9 Haziel, 21 Nelkhael, 24 Haheuiah, 32 Vasariah, 35 Chavakhiah, 44 Yelahiah, 58 Yeialel, 71 Haiaiel
Vérité	7 Achaiah, 14 Mebahel, 18 Caliel, 24 Haheuiah, 26 Haaiah, 29 Reiyel, 36 Menadel, 47 Asaliah, 50 Daniel, 51 Hahasiah, 59 Harahel, 67 Eyael
Vertèbre	3 Sitael, 19 Leuviah, 20 Pahaliah, 51 Hahasiah
Victime	14 Mebahel, 24 Haheuiah, 51 Hahasiah
Victoire	11 Lauviah, 44 Yelahiah, 71 Haiaiel
Vie agitée	4 Elemiah, 12 Hahaiah, 17 Lauviah, 28 Seheiah, 39 Rehael, 52 Imamiah, 62 Iahhel
Vindicatif	21 Nelkhael, 44 Yelahiah, 58 Yeialel, 60 Mitzrael, 71 Haiaiel
Violence	1 Vehuiah, 20 Pahaliah, 24 Haheuiah, 34 Lehahiah, 38 Haamiah, 39 Rehael, 44 Yelahiah, 71 Haiaiel
Viser trop haut ou trop bas	11 Lauviah

Vision, visionnaire	3 Sitael, 25 Nith-Haiah, 63 Anauel, 67 Eyael
Vivifier	1 Vehuiah, 10 Aladiah, 30 Omael
Vivre au-dessus de ses moyens	6 Lelahel, 63 Anauel
Voie, découvrir une nouvelle voie	4 Elemiah, 7 Achaiah, 42 Mikael, 65 Damabiah
Voix	50 Daniel
Vol, voleur	8 Cahetel, 24 Haheuiah, 43 Veuliah, 69 Rochel
Volcan	45 Sealiah
Volé, retrouver ce qui a été volé	69 Rochel
Volonté, excès de volonté	1 Vehuiah, 8 Cahetel, 28 Seheiah, 52 Imamiah
Volonté, force de volonté	1 Vehuiah, 36 Menadel, 45 Sealiah, 52 Imamiah
Volonté, manque de volonté	1 Vehuiah, 36 Menadel
Voyage, protection lors des voyages	22 Yeiayel, 42 Mikael

X

Xénophobie	12 Hahaiah, 63 Anauel

TABLE DES MATIÈRES

Remerciements

Merci de tout coeur à tous les bénévoles qui nous aident et qui participent à faire connaître l'interprétation des rêves et des signes, le langage symbolique, l'Angéologie Traditionnelle et l'Angelica Yoga de par le monde. Par votre implication et votre engagement altruiste, vous inspirez des millions de personnes à appliquer cette Connaissance et à développer une conscience angélique... une conscience multidimensionnelle. Nous souhaitons à tous de pouvoir comprendre un jour que la vie se vit et se décode comme un rêve, qu'elle est une réelle source d'expérimentation et d'évolution permettant d'atteindre les plus hauts niveaux d'Amour et de Sagesse.

Pour nous contacter

Le Centre d'Enseignement & de Recherche offre des ateliers, des stages, des séminaires web et des formations sur le langage symbolique et l'interprétation des rêves, signes et symboles, des conférences sur l'Angéologie Traditionnelle et des cours d'Angelica Yoga.

Dans le cadre de la Clinique UCM, nous proposons des services d'aide et de soutien dans le développement personnel. Les consultations peuvent se faire en ligne via Google Meet.

Toute personne qui souhaite participer à l'organisation de la Formation IRSS dans son pays et/ou aux différentes activités dans sa région ou qui aimerait se joindre à l'équipe des bénévoles est de tout coeur la bienvenue et peut nous contacter via notre site.

UCM
Centre d'Enseignement & de Recherche
Organisme sans but lucratif
36, rue Principale est
C.P. 161, BP Bureau-Chef
Sainte-Agathe-des-Monts, QC, J8C 3A3
Canada

Courriel : info@ucm.center
Site : www.ucm.center

FORMATION IRSS
INTERPRÉTATION DES RÊVES, SIGNES ET SYMBOLES

Le Centre d'Enseignement & de Recherche UCM est heureux de vous proposer une Formation complète sur l'Interprétation des Rêves, Signes et Symboles (IRSS). Elle permet à tous ceux et celles qui le souhaitent d'acquérir une connaissance approfondie du sujet, de devenir thérapeute accrédité et même expert, auteur, enseignant dans ce domaine, ou tout simplement de mieux se connaître et comprendre les mécanismes de la conscience humaine.

Places limitées : inscription possible avant le 31 décembre de chaque année

INFORMATION ET INSCRIPTION
formation@ucm.center / www.ucm.center

Tous les profits sont remis à l'organisme sans but lucratif
UCM et utilisés dans des projets humanitaires

Dans le cadre de notre vision et de notre éthique, il est fondamental pour nous de former des spécialistes compétents qui ont intégré dans leur propre vie les principes du langage symbolique et qui, par conséquent, ne sont pas uniquement des théoriciens de la relation d'aide, mais de réels thérapeutes dont la qualité d'intervention aide à l'amélioration de l'équilibre personnel, de la vie spirituelle, affective et professionnelle de ceux qui les consulteront.

À QUI S'ADRESSE CETTE FORMATION ?

La Formation IRSS s'adresse à toute personne qui, dans son travail ou dans sa vie, reçoit l'appel profond de se comprendre et de s'améliorer. Elle s'adresse également à tous ceux et celles qui veulent se connaître davantage et qui veulent améliorer leurs relations avec leur conjoint, leur conjointe, leurs enfants, leur famille, leur patron, leurs collègues et leurs amis. Il est donc important d'aborder cette formation dans une optique tout d'abord personnelle, pouvant mener par la suite à un niveau professionnel.

Suivre cette Formation activera de profondes transformations intérieures qui vous apporteront une nouvelle compréhension du monde. Elle vous permettra d'atteindre et de mettre en pratique des niveaux avancés de sagesse et de compassion, car plus un être entre au coeur de cette connaissance des symboles, plus il incarne une réelle humilité et comprend que la vie est une continuelle école d'évolution et de transformation. Comprendre sa vie à l'aide des rêves,

signes et symboles représente les plus hauts niveaux de savoir et de psychologie humaine.

LA FORMATION IRSS...

La Formation IRSS c'est : un programme unique au monde, innovant et d'avant-garde, pour apprendre le langage symbolique de manière autonome et approfondie, dans une dynamique de cheminement spirituel très concrète et logique à la fois.

La Formation, c'est aussi...

- 428 heures de cours en ligne, pour le programme complet de 5 ans (C1, C2, C3, L1, L2)
- 360 heures de stage, pour le programme complet de 5 ans (C1, C2, C3, L1, L2)
- Depuis 2014, plus de 475 étudiants provenant de plusieurs pays à travers le monde: Canada, USA, France, Suisse, Italie, Allemagne, Belgique, Luxembourg, Pologne, Inde, Vietnam, Singapour, Indonésie, Nouvelle-Calédonie, etc...
- Depuis 2014, plus de 36 000 rêves analysés par les étudiants eux-mêmes et révisés par les professeurs et assistants-professeurs...
- Depuis 2018, plusieurs thérapeutes diplômés et hautement qualifiés en décodage du langage symbolique (5 années d'études), avec de futurs diplômés dans les prochaines années...
- Depuis 2019, de nouveaux professeurs en formation...
- Et tellement plus encore...

LA FORMATION IRSS À TRAVERS LE MONDE

Tous les cours et programmes de la Formation IRSS peuvent être suivis en ligne en français ou en anglais, partout dans le monde. En ce qui concerne les stages inclus dans la formation, ils sont offerts en français au Canada et en Suisse, et en anglais en Inde et au Vietnam.

La Formation IRSS est assurée par des professeurs accrédités par UCM dont la réputation est établie dans plus de 43 pays à travers le monde. Elle est donnée et/ou supervisée dans son ensemble par Kaya & Christiane Muller ainsi que par d'autres professeurs et assistants-professeurs UCM.

Découvrez le programme complet dans l'onglet
Formation du site www.ucm.center

AUTRES RÉALISATIONS UCM

www.ucm.center

DICTIONNAIRE RÊVES-SIGNES-SYMBOLES
Le Code Source
Kaya, 920 p.

ISBN : 978-2-923654-02-7

RÊVES ET SYMBOLES, Tome 1
EXTRAITS D'ATELIERS ET INTERPRÉTATIONS
Kaya, 552 p.

ISBN : 978-2-923097-07-7

RÊVES ET SYMBOLES, Tome 2
EXTRAITS D'ATELIERS ET INTERPRÉTATIONS
La Matérialisation de la vie
Kaya, 368 p.

ISBN : 978-2-923097-14-5

COMMENT LIRE LES SIGNES
PSYCHOLOGIE INITIATIQUE
Kaya et Christiane Muller, 444 p.

ISBN : 978-2-923097-04-6

LE LIVRE DES ANGES, Tome 1
RÊVES – SIGNES – MÉDITATION
Les Secrets retrouvés
Kaya et Christiane Muller, 460 p.

ISBN : 978-2-923097-00-8

LE LIVRE DES ANGES, Tome 2
RÊVES – SIGNES – MÉDITATION
La Guérison des Mémoires
Kaya et Christiane Muller, 704 p.

ISBN : 978-2-923097-05-3

LE LIVRE DES ANGES, Tome 3
RÊVES – SIGNES – MÉDITATION
La Source de la Connaissance
Kaya et Christiane Muller, 472 p.

ISBN : 978-2-923097-25-1

LE LIVRE DES ANGES, Tome 4
RÊVES – SIGNES – MÉDITATION
Le Chemin du Destin
Kaya et Christiane Muller, 564 p.
ISBN : 978-2-923097-12-1

LE LIVRE DES ANGES, Tome 5
RÊVES – SIGNES – MÉDITATION
A fleur de peau
Kaya et Christiane Muller, 708 p.
ISBN : 978-2-923654-94-2

LE LIVRE DES ANGES, Tome 6
RÊVES – SIGNES – MÉDITATION
Un monde qui déboussole
Kaya et Christiane Muller, 660 p.
ISBN : 978-2-923654-99-7

DEVENIR UN ANGE
Le Chemin de l'Illumination
Kaya, 240 p.
ISBN : 978-2-923654-68-3

LES CARTES 72 ANGES
RÊVES – SIGNES – MÉDITATION
Kaya et Christiane Muller
74 cartes et 1 livret accompagnateur de 44 p.
ISBN : 978-2-923097-08-4

ANGELICA YOGA POUR LES JEUNES,
Kéther, Anges 1 à 8
Patrick et Régine Thomas, 39 p.
ISBN : 978-2-923654-69-0

LE POUVOIR DES ANGES
La Légende de Gérone
Illustrations : Dominique Grelot, Texte : Kaya
Bande dessinée, 45 p.
ISBN : 978-2-923097-98-5

AU PAYS DU CIEL BLEU
(CONTE)
Kaya et Christiane Muller
Illustrations : Gabriell
38 p. avec illustrations couleurs
ISBN : 978-2-922467-20-8

LE JOURNAL SPIRITUEL
D'UNE ENFANT DE NEUF ANS
Kasara, 162 p.
ISBN : 978-2-923097-03-9

LE JOURNAL SPIRITUEL
D'UNE ADOLESCENTE
Kasara, 184 p.
ISBN : 978-2-922467-22-2

ANGELICA YOGA, Introduction
Kaya et Christiane Muller, 188 p.
ISBN : 978-2-923097-01-5

ANGELICA YOGA, Tome 1
Œuvre collective, 500 p.
ISBN : 978-2-923097-06-0

ANGELICA YOGA, Tome 2
Œuvre collective, 668 p.
ISBN : 978-2-923097-24-4

COLLECTION CD ANGELICA MANTRA, VOL. 1 À 6
Mantras chantés par Kasara

CD Vol. 1	(Anges 1 à 12)	ISBN : 9782923654355
CD Vol. 2	(Anges 13 à 24)	ISBN : 9782923654362
CD Vol. 3	(Anges 25 à 36)	ISBN : 9782923654379
CD Vol. 4	(Anges 37 à 48)	ISBN : 9782923654386
CD Vol. 5	(Anges 49 à 60)	ISBN : 9782923654393
CD Vol. 6	(Anges 61 à 72)	ISBN : 9782923654409

BORN UNDER THE STAR OF CHANGE
Produit à New York, Los Angeles et Nashville par Russ DeSalvo
13 chansons inspirantes qui touchent l'âme et l'esprit

Inclus, un livret de 32 pages expliquant les inspirations
que Kaya a reçues pour composer ces magnifiques chansons
CD disponible en magasin et en format digital MP3
ISBN : 6-27843-15930-8

COLLECTION CD ANGELICA MEDITATION, VOL. 1 À 12
Méditations guidées par Christiane Muller

CD Vol. 1	(Anges 72 à 67)	ISBN : 9787793600129
CD Vol. 2	(Anges 66 à 61)	ISBN : 9787793600136
CD Vol. 3	(Anges 60 à 55)	ISBN : 9787793600143
CD Vol. 4	(Anges 54 à 49)	ISBN : 9787793600150
CD Vol. 5	(Anges 48 à 43)	ISBN : 9787793600167
CD Vol. 6	(Anges 42 à 37)	ISBN : 9787793600174
CD Vol. 7	(Anges 36 à 31)	ISBN : 9787793600181
CD Vol. 8	(Anges 30 à 25)	ISBN : 9787793600198
CD Vol. 9	(Anges 24 à 19)	ISBN : 9787793600204
CD Vol. 10	(Anges 18 à 13)	ISBN : 9787793600211
CD Vol. 11	(Anges 12 à 7)	ISBN : 9787793600228
CD Vol. 12	(Anges 6 à 1)	ISBN : 9787793600235

COLLECTION CD ANGELICA MUSICA, VOL. 1 À 12
Musique instrumentale par André Leclair et Kaya

CD Vol. 1	(Anges 72 à 67)	ISBN : 9787793600242
CD Vol. 2	(Anges 66 à 61)	ISBN : 9787793600259
CD Vol. 3	(Anges 60 à 55)	ISBN : 9787793600266
CD Vol. 4	(Anges 54 à 49)	ISBN : 9787793600273
CD Vol. 5	(Anges 48 à 43)	ISBN : 9787793600280
CD Vol. 6	(Anges 42 à 37)	ISBN : 9787793600297
CD Vol. 7	(Anges 36 à 31)	ISBN : 9787793600303
CD Vol. 8	(Anges 30 à 25)	ISBN : 9787793600310
CD Vol. 9	(Anges 24 à 19)	ISBN : 9787793600327
CD Vol. 10	(Anges 18 à 13)	ISBN : 9787793600334
CD Vol. 11	(Anges 12 à 7)	ISBN : 9787793600341
CD Vol. 12	(Anges 6 à 1)	ISBN : 9787793600358

LES 72 PRONONCIATIONS
Kaya et Christiane Muller
CD pour l'apprentissage de la prononciation
des Noms des 72 Anges

ISBN : 978-2-923097-56-5

ET D'AUTRES MANTRAS ET CONFÉRENCES AUDIO
DISPONIBLES EN VERSION MP3
À LA BOUTIQUE DU SITE WWW.UCM.CA

EXPOSITION ANGELICA
Gabriell
Peintures originales et reproductions,
cartes de souhaits, calendriers et affiches
www. expositionangelica.ca

Plus d'info sur : www.ucm.center
❶ UCMFR / KAYA (OFFICIAL)
KAYA & CHRISTIANE MULLER (OFFICIAL)

Notes

Notes

www.ingramcontent.com/pod-product-compliance
Lightning Source LLC
Chambersburg PA
CBHW070917270326
41927CB00011B/2604